Stefan Poppelreuter und Reinhold Bergler

Ursachen jugendlichen Alkoholkonsums:

Die Rolle der Eltern

Stefan Poppelreuter und Reinhold Bergler

Ursachen jugendlichen Alkoholkonsums: Die Rolle der Eltern

Das Präventionskonzept „Klartext reden!" und seine Bewertung durch Eltern

S. Roderer Verlag, Regensburg 2007

Bibliografische Information der Deutschen Bibliothek

Die Deutsche Bibliothek verzeichnet diese Publikation in der Deutschen Nationalbibliografie; detaillierte bibliografische Daten sind im Internet über http: //dnb.ddb.de abrufbar.

ISBN 978-3-89783-583-2

o. Prof. (em.) Dr. Reinhold Bergler, Dipl.-Psychologe, Jahrgang 1929. Von 1969 bis 1994 Direktor und Lehrstuhlinhaber für Sozial-, Wirtschafts- und Organisationspsychologie am Psychologischen Institut der Rheinischen-Friedrich-Wilhelms-Universität Bonn.

Dr. Stefan Poppelreuter, Dipl.-Psychologe, Jahrgang 1964. Von 1991 bis 2001 Wissenschaftlicher Mitarbeiter am Psychologischen Institut der Rheinischen-Friedrich-Wilhelms-Universität Bonn. Seit 2001 Projektleiter und Berater bei der Impuls GmbH, Köln/Bonn.

INHALT

Vorwort

Das Thema Alkoholkonsum und Alkoholmissbrauch von Jugendlichen ist von hoher Aktualität. Die Gesundheitspolitik und auch die Europäische Union haben eine konträre Diskussion über geeigneten Strategien der Verhinderung bzw. Prävention des Alkoholkonsums ausgelöst.

Während nun im politischen Raum vor allem durch die EU verstärkt auf verhältnispräventive Maßnahmen wie zum Beispiel die Erhöhung der Alkoholsteuer, das Verbot von Werbung, aber auch die restriktive Handhabung von Vertriebswegen fokussiert wird, steht in der Gesundheitsforschung die Frage nach den Bedingungen, die für den Einstieg Jugendlicher in den Alkoholkonsum ausschlaggebend sind, notwendigerweise im Mittelpunkt der Aufmerksamkeit: Es gibt keine effektive Prävention bzw. Therapie, wenn man keine hinreichende Diagnose der Symptomatik des Alkoholkonsums besitzt. Unsere Untersuchungen zu den Ursachen jugendlichen Alkoholkonsums haben den zentralen Stellenwert, der dem Elternhaus im Zusammenspiel aller Einflussfaktoren des Alkoholkonsumverhaltens Jugendlicher zukommt, eindeutig nachgewiesen. Aufbauend auf diesen Befunden hat dies zur Entwicklung und praktischen Anwendung des Präventionskonzeptes „Klartext reden!“ geführt. Im vorliegenden Buch werden außerdem die zentralen Ergebnisse der Evaluierung der angewandten Präventionsstrategie vorgestellt. Die Weiterentwicklung des Präventionskonzeptes „Klartext reden!“, auch unter Einschluss anderer Konzepte, wird Gegenstand der weiterführenden Forschung sein.

Wir hoffen, dass die vorliegenden Ergebnisse einen Beitrag zur Versachlichung der Diskussion um die Gründe und Ursachen, aber auch um die geeigneten Präventionsmaßnahmen im Feld des jugendlichen Alkoholkonsums zu leisten vermögen.

An dieser Stelle möchten wir Frau cand. psych. Dorothea Pfützner und Frau cand. psych. Michaela Städele herzlich für die engagierte Unterstützung in allen Phasen der Entstehung dieses Buches danken.

o. Prof. (em.) Dr. Reinhold Bergler — Dr. Stefan Poppelreuter

Bonn, im Mai 2007

ZUSAMMENFASSUNG:

DIE PSYCHOLOGIE DES ALKOHOLKONSUMS

1. Die Konsumbereitschaft für Alkohol zeigt seit Jahren eine rückläufige Tendenz; dies gilt für Erwachsene und Jugendliche in gleicher Weise.

2. Dabei ist es unbestritten, dass es andererseits auch unter Jugendlichen zu Trinkexzessen kommt. Hierbei handelt es sich aber um eine kleine Gruppe von Jugendlichen, die einen hochproblematischen und exzessiven Alkoholkonsum betreibt. Der weitaus größte Teil der Kinder und Jugendlichen geht vollkommen verantwortungsbewusst und unbedenklich mit Alkohol um (d.h., dass speziell Kinder und junge Jugendliche in aller Regel weitestgehend abstinent leben oder nur sehr wenig Alkohol trinken).

3. Ein unproblematischer Alkoholkonsum liegt bei etwa 88 Prozent der Bevölkerung vor; dies gilt gleichermaßen für Jugendliche wie für Erwachsene.

4. Alkoholische Getränke können als ein wichtiges gesellschaftliches Kulturgut betrachtet werden, das bei angemessenem Konsum weder gesundheitlich bedenklich noch gesellschaftlich problematisch ist sondern im Gegenteil eine Reihe von positiv zu bewertenden Effekten besitzt.

5. Gerade vor dem Hintergrund der Kulturspezifität alkoholischer Getränke lassen sich keine generell gültigen, sozusagen globalisierten Grenzwerte des Alkoholkonsums festlegen. Auch aus medizinischer Sicht ist eine globale Festlegung von Grenzwerten, ab wann ein Alkoholkonsum problematisch ist, schwierig. In Abhängigkeit von dispositiven Unterschieden, aber auch der kulturellen Verankerung und Geschichte alkoholischer Getränke in unterschiedlichen Gesellschaften sind Grenzwertsetzungen gleichermaßen wie Maßnahmen zur Alkoholprävention immer auch regional oder national zu konzipieren.

6. Früheren wissenschaftlichen Studien zur Erklärung und Vorhersage von Alkoholkonsum fehlt es häufig an einer Theorien geleiteten und vor allem kausalanalytischen Vorgehensweise und Auswertung. Korrelationen können niemals kausal interpretiert werden. Hingegen ist es im Hinblick auf

die Alkoholprävention von wesentlicher Bedeutung, die psychologischen und auch kulturellen Konsumbedingungen des Alkohols zu berücksichtigen.

7. Die zentralen Fragen an die Bonner Repräsentativ-Studie zum Alkoholkonsum Jugendlicher (Alter 12 bis 17 Jahre) waren:

    - Welche Bedingungen haben mit welchem Gewicht Einfluss auf den Alkoholkonsum Jugendlicher?
    - Welches theoretische Kausalmodell vermag den Alkoholkonsum Jugendlicher hinreichend zu erklären?
    - Welche Rolle kommt der Alkoholwerbung im Bedingungsgefüge des jugendlichen Alkoholkonsums zu?

8. Ursachen mit einem entscheidenden Einfluss auf den Trinkstatus der Jugendlichen sind:

    - Die Qualität der Beziehung zu den Eltern steht im Mittelpunkt der Bedingungsgrundlagen des Alkoholkonsums: Regelmäßiger Alkoholkonsum Jugendlicher steht in einer signifikanten Beziehung zu einem konfliktären Eltern-Kind-Verhältnis; dieses ist geprägt von einer zunehmenden Distanzierung der Jugendlichen vom Elternhaus und der verstärkten Zuwendung und Bindung an eine überwiegend Alkohol konsumierende Clique.
    - Die subjektive Alkoholbilanz, wie sie begründet ist in der Qualität der Kind-Elternbeziehung sowie der Qualität der Leistungs- und Genussorientierung, hat den größten Erklärungs- und Vorhersagewert dafür, ob Jugendliche mit dem Alkoholkonsum beginnen oder nicht. D.h. je höher die subjektiven Eintretenswahrscheinlichkeiten der – zunächst empirisch gewonnenen – psychologischen Vorteile des Alkohols im Vergleich zu den Eintretenswahrscheinlichkeiten der Nachteile wahrgenommen werden, umso größer ist der durchschnittliche Alkoholkonsum der Jugendlichen. Immer bestimmt die persönliche Alkoholbilanz das Ausmaß des Alkoholkonsums. Erwartete positive Wirkungen des Alkohols erhöhen den Alkoholkonsum, erwartete

negative Wirkungen reduzieren ihn bzw. führen zur Ablehnung von Alkohol.

- Die Alkoholbilanz selbst wird stark von der Leistungsorientierung der Jugendlichen beeinflusst; der Konsum von Alkohol nimmt zu bei Konflikten in der Schule, Antipathien gegenüber der Schule, Lernunwilligkeit und subjektiver Unwichtigkeit schulischer Leistungen.

  Jugendliche, die keinen Alkohol trinken, sind allgemein leistungsorientierter und auch mit ihren Leistungen zufriedener.

- Alkohol konsumierende Jugendliche wie auch solche, die Alkohol ablehnen, sind allgemein in gleicher Weise Genuss orientiert, setzen aber unterschiedliche Schwerpunkte des Genusses; bei Alkohol konsumierenden Jugendlichen überwiegt ein risikoreiches Genussverhalten (Zigaretten, Alkohol, Sex).

- Der Alkoholwerbung kommt keine kausale Auslösefunktion für den Einstieg in den Alkoholkonsum zu; auch lässt sich ein Einfluss der Alkoholwerbung auf die Trinkmenge der Jugendlichen empirisch nicht nachweisen. Erst dann, wenn Jugendliche regelmäßige Alkoholkonsumenten geworden sind, gewinnt die Markenwerbung als Präsentation attraktiver Konsumalternativen an Bedeutung. Werbung ist also – entgegen den Annahmen naiver Werbewirkungstheorien – kein Instrument der Primärmotivation für den Konsum eines bestimmten Produktes, sondern ausschließlich ein Instrument der Sekundärmotivation für die Auswahl aus konkurrierenden Angeboten. Daraus ergibt sich: Werbeverbote sind kein effektives Instrumentarium der Prävention eines zu frühzeitigen und zu intensiven Alkoholkonsums. Früher und intensiver Alkoholkonsum im Jugendalter ist immer zentral begründet in der Fehlverarbeitung von entwicklungspsychologischen Herausforderungen, inadäquaten Problemlösestrategien, konfliktären Eltern-Kind-Beziehungen und einer positiven Alkoholbilanz.

9. Prävention und Therapie im Kontext von gesundheitsschädlichem Alkoholkonsum hat nur Aussicht auf Erfolg, wenn sie bei den wissenschaftlich

begründeten Ursachen des Alkoholmissbrauches ansetzt. Dabei muss aber stets davon ausgegangen werden, dass der Risikofaktor „Alkoholkonsum" immer integrierter Bestandteil eines ganzheitlichen Lebensstils ist, d.h. auch risikobehafteter Alkoholkonsum ist immer eingebettet in einen gesundheitsschädigenden allgemeinen Lebensstil, und dieser ist letztlich gegenüber steuerlichen Reglementierungs- und Werbeverbotsstrategien weitgehend immun.

Gesundheitserziehung beginnt im Elternhaus. Die Eltern sind die Sozialisationsagenten der Prävention; es sind ihr Lebensstil und ihre Sensibilität in Bezug auf das Verhalten ihres Kindes, die eine Entwicklung von Alkoholmissbrauch mit hohen Erfolgsaussichten verhindern können. Am Anfang steht die Problemsensibilisierung und die Vorbildlichkeit des elterlichen Lebensstils, der immer auch geprägt sein muss von einem angemessenen Alkoholkonsum im Rahmen einer Trinkkultur, die Lebensqualität, Wohlbefinden und Gesundheit in gleicher Weise gewährleisten.

DAS PRÄVENTIONSKONZEPT „KLARTEXT REDEN!"

Auf Basis der Erkenntnisse zur Psychologie des Alkoholkonsums von Jugendlichen wurde das Präventionskonzept „Klartext reden!" entwickelt; es wendet sich explizit an Eltern und Erziehungsberechtigte, um diese zu informieren, zu motivieren und zu unterstützen, damit sie ihre wichtige und zentrale Rolle im Bereich der Alkoholprävention bei Kindern und Jugendlichen wahrnehmen können. „Klartext reden!" wurde in Zusammenarbeit mit dem Bundeselternrat und der Firma Impuls in Kooperation mit dem Psychologischen Institut der Universität Bonn entwickelt, durchgeführt und evaluiert. Finanziell gefördert wird die Präventionsmaßnahme durch den Arbeitskreis Alkohol und Verantwortung des Bundesverbandes der Deutschen Spirituosen-Industrie und -importeure e.V. (BSI). Die Präventionsmaßnahme „Klartext reden!" besteht aus drei Bausteinen, nämlich einem Internetauftritt, einer Informationsbroschüre für Eltern und Erziehungsberechtigte sowie – als Kernstück – einem Workshopkonzept, bei dem Eltern und Erziehungsberechtigte im Rahmen schulischer Veranstaltungen über das Thema „Jugendliche und Alkohol" informiert werden sowie Tipps und Verhaltenshinweise erhalten, um mit ihren Kindern ins Gespräch zum

Thema Alkohol zu kommen, Regeln und Grenzen zu vereinbaren und diese auch zu überprüfen.

DIE EVALUIERUNG DES PRÄVENTIONSKONZEPTES „KLARTEXT REDEN!“

Wesentliche Kernergebnisse der Evaluationsstudie sind:

- Es wurden 17 Elternworkshops mit insgesamt 273 Teilnehmern einbezogen.
- 238 Workshopbesucher beteiligten sich an der ersten Evaluationsmaßnahme (Beantwortung eines Fragebogens direkt im Anschluss an den Workshop), 110 Teilnehmer äußerten sich im Rahmen der zweiten Evaluationsmaßnahme (Telefoninterview bzw. Bearbeitung eines Online-Fragebogens 6-8 Wochen nach dem Workshopbesuch).

Unmittelbar im Anschluss an den Workshop

- äußerten 90 Prozent der Teilnehmer, dass der Workshop ihren Erwartungen entsprochen habe,
- gaben 96 Prozent der Teilnehmer an, dass die vermittelten Inhalte und Anregungen für sie praxisrelevant und anwendbar seien,
- waren 97 Prozent mit der Moderation des Workshops (sehr) zufrieden,
- bezeichneten 89 Prozent der Besucher die Workshopmaterialien als (sehr) zufriedenstellend,
- haben 90 Prozent der Teilnehmer nach eigenen Angaben neues Wissen mitgenommen,
- fühlten sich 89 Prozent der Eltern besser für ein Gespräch mit ihren Kindern zum Thema Alkohol gerüstet,
- glaubten 83 Prozent der Besucher, künftig ihren Kindern besser Grenzen und Regeln im Umgang mit Alkohol vermitteln zu können,

- fühlten sich 86 Prozent der Teilnehmer dazu angeregt, auch tatsächlich ein Gespräch mit ihren Kindern zu führen.

Sechs bis acht Wochen nach dem Workshopbesuch

- haben 85 Prozent der Teilnehmer tatsächlich auch ein Gespräch mit den Kindern zum Thema Alkohol geführt,
- empfanden 75 Prozent der Eltern die Erfahrungen und Informationen aus den Workshops als (sehr) hilfreich beim Führen dieser Gespräche,
- waren 70 Prozent der Teilnehmer mit dem Verlauf der Gespräche (sehr) zufrieden,
- gaben 47 Prozent der Teilnehmer an, dass das geführte Gespräch die gewünschte Wirkung gehabt habe. 44 Prozent der Befragten äußerten, dass sie zumindest teilweise die gewünschte Wirkung erzielt hätten,
- zeigt sich, dass die Kernbotschaften des Workshops (u.a. kein Alkohol an Kinder und Jugendliche unter 14 Jahren, Eltern kommt eine zentrale Rolle im Rahmen der Alkoholsozialisation von Kindern und Jugendlichen zu, Kinder und Jugendliche sollten ihre ersten Alkoholerfahrungen so spät wie möglich machen) von der überwältigenden Mehrheit der Eltern geteilt und auch umzusetzen versucht wird,
- wird sowohl die Kooperation mit dem Bundeselternrat als auch mit dem Arbeitskreis Alkohol und Verantwortung des BSI im Rahmen des Konzepts „Klartext reden!“ positiv von den Teilnehmern bewertet.

Die Ergebnisse der Evaluation von „Klartext reden!“ belegen zusammenfassend, dass

- die Eltern auf diesem Wege sowohl mit relevanten Informationen rund um das Thema „Jugendliche und Alkohol“ versorgt werden können als auch aus ihrer Sicht praxistaugliche und unmittelbar umsetzbare Handlungsanregungen erhalten,

- die Eltern durch diese Methode auch tatsächlich dazu angeregt werden, mit ihren Kindern das Thema Alkohol anzusprechen und zu vertiefen,

- die Eltern durch den Workshop in der Wahrnehmung ihrer Rolle als zentrale Sozialisationsagenten in Sachen Alkoholkonsum bestärkt werden und so auch zu Multiplikatoren eines verantwortungsvollen Umgangs mit Alkohol bei Kindern und Jugendlichen werden,

- das Präventionskonzept „Klartext reden!“ aufgrund seiner hohen Praktikabilität als erfolgreich gewertet werden kann und fortgeführt sowie ausgebaut werden sollte. Dies ist gewährleistet, denn zum Einen finden weiterhin und fortgesetzt Workshops statt, zum Anderen wird an einem Multiplikatorenkonzept zur weiteren Verbreitung und Umsetzung des „Klartext reden!“-Ansatzes gearbeitet.

SUMMARY:

THE PSYCHOLOGY OF ALCOHOL CONSUMPTION

1. For many years, the propensity to consume alcohol has shown a downward trend; this applies equally to adults and adolescents.

2. At the same time, it is an undisputed fact that on the other hand even adolescents indulge in excessive drinking. However, this concerns a small group of young people who pursue an extremely problematic, excessive alcohol consumption. By far the majority of children and adolescents handle alcohol in a totally responsible and harmless way (i.e. particularly children and young adolescents are usually abstinent to the greatest extent or drink only very little alcohol).

3. There is an unproblematic alcohol consumption in about 88 percent of the population; this applies equally for adolescents as well as for adults.

4. Alcoholic drinks can be regarded as a socially important cultural asset, which when consumed in moderation is neither detrimental to health nor socially problematic but on the contrary possess a number of positive effects.

5. Especially against the background of the specific cultural importance of alcoholic drinks it is impossible to set generally accepted so-to-speak globalized limits to alcohol consumption. Even from a medical point of view it is difficult to fix global limits as to when alcohol consumption is problematic. Depending on dispositive differences as well as the cultural history and anchoring of alcoholic drinks in different societies, limits must always be drawn up regionally or nationally when they are set to the same extent as setting measures for alcohol prevention.

6. Earlier scientific studies for explaining and predicting alcohol consumption often omit the procedure and evaluation directed from a theory and above all from a causal analysis. Correlations can never be interpreted causally. On the other hand with regard to alcohol prevention, it is of great significance to take the psychological as well as the cultural conditions for consuming alcohol into consideration.

7. The central questions for the Bonn Representative Study on the alcohol consumption of adolescents (aged 12 – 17 years) were:

    - Which conditions with what weight have an influence on the alcohol consumption of adolescents?
    - Which theoretical causal model can adequately explain the alcohol consumption of adolescents?
    - What role is attributed to alcohol advertising in the structure of conditions for adolescent alcohol consumption?

8. Causes which have a decisive influence on the drinking status of young people are:

    - The focus of the conditional bases for alcohol consumption is on the quality of the relationship to their parents: Regular alcohol consumption by adolescents is significantly linked with a conflicting parent-child relationship. This is marked by young people increasingly distancing themselves from the parental home and by their increasingly turning towards and binding themselves to a mainly alcohol-consuming clique,
    - The subjective alcohol balance, as it is based on the quality of the parent-child relationship, as well as the quality of their achievement and pleasure orientation has the greatest explanative and predictive value for whether young people begin to consume alcohol or not. This means that the higher the subjective likelihood that – initially empirically obtained - psychological advantages of alcohol will occur compared with the likelihood that disadvantages are perceived, the greater the average alcohol consumption of the adolescents. Expected positive effects of alcohol increase the alcohol consumption, expected negative effects reduce it or result in alcohol being rejected.
    - The alcohol balance itself is strongly influenced by the achievement orientation of young people; the consumption of alcohol increases when there are conflicts at school, antipathies towards

school, reluctance to learn, subjective insignificance of scholarly achievements.

Young people who drink no alcohol are generally more achievement-oriented and are also more satisfied with their performance.

- Young people who drink alcohol as well as those who reject alcohol are generally likewise pleasure-oriented but put different emphasis on pleasure; in the case of adolescents consuming alcohol a high-risk pleasure orientation prevails (cigarettes, alcohol, sex).

- No causal trigger function for starting to consume alcohol is attributed to alcohol advertising; also it cannot be proved empirically that alcohol advertising influences the amount adolescents drink. Only when young people have become regular consumers of alcohol, does the brand advertising gain in significance by presenting attractive consumption alternatives. Therefore – contrary to the assumptions of naïve theories on advertising effects – advertising is no instrument of the primary motivation for the consumption of a specific product but solely an instrument of the secondary motivation for selecting from competing brands. From this it transpires: advertising bans are no effective instruments for preventing young people to consume alcohol too early and too intensively. Early, intensive alcohol consumption in adolescence is always centrally based on the faulty processing of psychological development challenges, inadequate strategies for solving problems, conflictory parent-child relationships and a positive alcohol balance.

9. All prevention and therapy in the context of alcohol consumption detrimental to health only have a chance of success if they start out from the scientifically substantiated causes for the abuse of alcohol. At the same time, it must always be assumed that the risk factor "alcohol consumption" is always an integrated component of a holistic lifestyle, i.e. also risk-taking alcohol consumption is always embedded in a generally detrimental lifestyle and this for the most part is ultimately immune to a controllable regimentation and ban on advertising.

Based on research on the psychology of alcohol consumption among adolescents, all health education begins in the parental home. Parents are the agents of socialisation in prevention; it is their lifestyle and their sensitivity regarding their children's behaviour which – with high chances of success – can prevent the abuse of alcohol developing. At the beginning, there is the problem sensitisation and the example set by the parents' lifestyle which must always be marked by a moderate consumption within the bounds of a drinking culture, which likewise guarantees the quality of life, well-being and health.

The Prevention Concept: "Klartext reden!"

The prevention concept "Klartext reden!" (the german equivalent of 'speak your mind') has been developed and explicitly addresses parents and legal guardians in order to inform, motivate and support them so they can fulfil their important, central role in the sphere of alcohol prevention in children and adolescents. "Klartext reden!" has been developed, implemented and evaluated in collaboration with the German Parents' Council (Bundes-ElternRat) and Messrs. Impuls in cooperation with the Institute for Psychology at the University of Bonn. This prevention measure is sponsored by the Work Group Alcohol and Responsibility of the Federation of Makers & Importers of Alcoholic Drinks (Bundesverband der Spirituosenhersteller und Importeure e.V. - BSI). The prevention measure "Klartext reden!" consists of three building blocks, i.e. an internet presence, an informative brochure for parents and legal guardians as well as – the central element – a workshop concept where parents and legal guardians are informed on the issue "Adolescents and Alcohol" during school events and are given tips and advice on behaviour in order to start conversing with their children on the subject of alcohol, to agree on rules and limits as well as to check on them.

Evaluation of the Prevention Concept "Klartext reden!"

The specific central results of the evaluation study are:

- There were 17 parents' workshops involving altogether 273 participants.
- 238 workshop visitors took part in the first evaluation step (answering a questionnaire directly after the workshop), 110 participants commented during the second evaluation step (telephone interview or processing an online questionnaire 6-8 weeks after visiting the workshop).

Central results:

Directly after the workshop

- 90 percent of the participants commented that the workshop had fulfilled their expectations,
- 96 percent of the participants stated that the contents and suggestions imparted were relevant to practice and practicable,
- 97 percent of the participants were (very) satisfied with the presentation of the workshop,
- 89 percent of the visitors described the workshop materials as (very) satisfactory,
- 90 percent of the participants – according to their own statements – have gained new knowledge,
- 89 percent of the parents felt they were better equipped for a talk with their children on the subject of alcohol,
- 83 percent of the visitors thought that in future they would better impart the limits and rules in handling alcohol to their children,
- 86 percent of the participants felt encouraged to actually carry on a conversation with their children.

Six to eight weeks after taking part in the workshop

- 85 percent of the participants actually had a conversation with their children on the subject of alcohol,
- 75 percent of the parents found the experience and information provided in the workshops as (very) helpful when conducting these talks,
- 70 percent of the participants were (very) satisfied with the course of the talks,
- 47 percent of the participants stated that the conversation had the desired effect. 44 percent of those interviewed said that they had at least partly obtained the desired effect,
- it proves that the central messages of the workshop (i.a. no alcohol for children and adolescents under 14 years, parents play a central role during the alcohol socialisation of children and adolescents, children and adolescents should make their first experience with alcohol as late as possible) are shared by the overwhelming majority of the parents who also try to implement them,
- not only the cooperation with the Federation of Parents Council is assessed positively but also the cooperation with the Work Group Alcohol and Responsibility of the BSI within the framework of the concept "Klartext reden!" is assessed positively by the participants.

To sum up, the results of the evaluation of "Klartext reden!" show that

- in this way the parents can not only receive relevant information on the issue "Adolescents and Alcohol" but are also given suggestions for action which from their point of view are practical and which can be implemented straightaway,
- by this method the parents are in fact encouraged to approach the subject of alcohol and go into it more deeply,
- through the workshop the parents are strengthened in fulfilling their role as central agents of socialisation as far as alcohol consumption is

concerned and thus also become multiplicators for children and adolescents handling alcohol in a responsible way,

- the prevention concept "Klartext reden!" can be rated as successful due to its high practicability and should be continued as well as expanded. This is guaranteed as firstly workshops are still being held and continued, secondly work is being carried out on a multiplicator concept to spread the "Klartext reden!" approach and to implement it further.

1. Der Alkoholkonsum zwischen Kultur und Tabu

Die Psychologie und Medizin des Alkoholkonsums ist immer auch und wesentlich eingebettet in eine Geschichte der Ess- und Trinkkultur (vgl. Hirschfelder 2001) und damit in den individuellen und gesellschaftlichen Lebensstil.

Genuss und Risiko, die Frage nach dem richtigen Maß bei allem, was man denkt und tut, isst und trinkt, waren in der menschlichen Entwicklungsgeschichte nicht nur in der Theologie, der Philosophie, der Völkerkunde u. a., sondern auch in Verbindung mit der Esskultur schon immer Themen von hoher Aktualität. Sie waren dabei stets auch Spiegelbilder der sozialen Gesellschaftsordnung, ihrer Verhaltensvorschriften und ihrer religiösen Wertverankerung. Dazu ein Beispiel: „Dieser Hang zum Leben in der Gruppe spiegelt sich auch in der ägyptischen Festkultur wider ... Bezeichnenderweise feierten Männer und Frauen gemeinsam. Dabei wurde auch den Frauen der Genuss von Alkohol zugestanden. Es hat den Anschein, dass man sich bei solchen festlichen Gelegenheiten ... verhältnismäßig unverkrampft verhielt, denn einzelne Darstellungen bilden Personen ab, die sich nach übermäßigem Alkoholgenuss übergeben müssen“ (vgl. Hirschfelder 2001, S. 54). Und dann gab es aber auch noch Innovationen, die Tischkulturen – auch Trinkkulturen – nachhaltig veränderten, z.B. die Kartoffel zusammen mit Kaffee und Branntwein als kulturelle Leitnorm beim Entstehen des Speisen- und Mahlzeitensystems im späten 18. Jahrhundert (vgl. Hirschfelder 2001, S. 157 ff.). Konsumenten der Destillate waren zunächst nur Männer der Mittel- und Oberschicht: Der Schnaps als prestigeträchtiges Statussymbol. Dann aber – zu Beginn des 19. Jahrhunderts – die Wirksamkeit der Tendenz des „sinkenden Kulturgutes“ – verliert der Schnaps seine Prestigewertigkeit und wird auch von den unteren Schichten konsumiert. In diesem Zusammenhang wird zum ersten Mal und zunehmend die Problematik eines übermäßigen Alkoholkonsums wie das Problem seines Vertriebes thematisiert. Auch die Problematik des Alkoholmissbrauches hat schon eine lange Geschichte, und dies hat schon 1847 in der Literatur seinen Niederschlag gefunden (vgl. Ratzek 1847). Der ausführliche Titel seines Buches umschreibt anschaulich das, was auch Gegenstand der öffentlichen Diskussion war:

„Die Kunst, den Branntwein ohne Gewalt zu unterdrucken“

oder

„Die besten Mittel zur Verhütung der Branntweinpest, zur Heilung der Angesteckten, zur Bewirkung der Wohlfeilheit und Befestigung der Gottesfurcht. Mit der Warnung vor Drankfütterung und Angabe der homeopathischen Kur“.

Tafelkultur und Alkoholkonsum, Gesellschaft und Trinkkultur, Genuss und Risiko, Gesundheit und Krankheit, Lamentieren und Reglementieren waren schon immer – nicht erst heute – spannende Themen in der historisch jeweils aktuellen Situation.

Dabei zeigte schon frühzeitig die Geschichte des Alkoholismus und vor allem des Alkoholmissbrauches, dass staatliche Reglementierungen und Sanktionierung des Alkoholkonsums immer zum Scheitern verurteilt waren. Das völlig fehlgeschlagene Experiment der Prohibition in den USA (1920 – 1924) ist ein hinreichender Beleg für die Wirkungslosigkeit einer staatlich verordneten Prävention und Therapie. Mit Hilfe der Prohibition sollten bekanntlich ganz bestimmte Ziele erreicht werden, doch was war das Ergebnis? Nicht nur hinsichtlich der Kriminalitätsentwicklung, der Lösung sozialer Probleme, der Bekämpfung von Korruption blieben die Ergebnisse des Alkoholverbots weit hinter den Erwartungen zurück; vor allem im Gesundheitsbereich war diese Maßnahme ein völliger Fehlschlag. Nach einer anfänglichen Reduktion des Alkoholkonsums direkt nach Einführung des Alkoholverbots war in den folgenden Jahren ein starker Anstieg fast auf das ursprüngliche Ausgangsniveau festzustellen (vgl. Thornton 1991).

Hinzu kam, dass zahlreiche Alkoholkonsumenten angesichts der Schwierigkeiten, entsprechende Getränke zu erhalten, auf minderwertige alkoholische Getränke und/oder auf Medikamente, Opium, Kokain und andere Substanzen zurückgriffen, die sie ohne die Alkoholprohibition mit großer Wahrscheinlichkeit nicht konsumiert hätten. Insofern ist massiven staatlichen Regulationsbemühungen im Rahmen des Alkoholkonsums sicherlich mit allergrößter Skepsis zu begegnen (Vogt 1989).

Und noch ein Beispiel für gesundheitliches Fehlverhalten trotz bestehender Werbeverbote: Die sowjetrussische diktatorische Planwirtschaft kannte weder Konkurrenz noch Werbung. Trotz dieses Defizits an Werbung gab und gibt es auch immer noch erhebliche Alkoholismusprobleme. Der Umfang des Wodkakonsums übersteigt ohne Werbung bei Weitem den Umfang eines risikovollen Alkoholkonsums in Deutschland, also einem Land, in dem Werbung für alkoholische Getränke nicht verboten ist.

Wie stark demgegenüber eine religiös begründete Alkoholtabuisierung auch in der Gegenwart noch verhaltensbestimmend sein kann, zeigt die umfangreiche empirische Studie von Hoff (2002) über die Frage: Unter welchen Bedingungen beginnen türkische Männer in der zweiten Migrationsgeneration – entgegen seiner Tabuisierung im Koran - mit dem Konsum von Alkohol? Die Ergebnisse sind eindeutig; zusammenfassend ergab sich nämlich, dass das Bekenntnis zu und die Identifikation mit den Grundüberzeugungen des Islam und seinen alltagsregulierenden Verhaltensvorschriften auch in einem veränderten kulturellen Umfeld zur Verweigerung jeglicher Form des Alkoholkonsums führt. Weder allgegenwärtige Werbung noch mögliche Billigangebote führen bei hoher Qualität der religiösen Bindung zu einer Veränderung religiös tabuisierten Konsumverhaltens.

Dies gilt zweifellos auch für Angehörige anderer Religionsgemeinschaften, wenn diese einen angemessenen Umgang mit Genussmitteln im weitesten Sinne bzw. deren Ablehnung postulieren. Identifikative Wertverankerung kann ökonomisch nicht manipuliert werden.

Es gibt keine globalisierten Rahmenbedingungen des Alkoholkonsums. Dies gilt bereits für Europa, auch wenn Anderson und Baumberg (2006) generalisierte Aussagen über den Alkoholkonsum in Europa machen. Kulturell-religiöse, soziologische und psychologische regionale Unterschiede spielen bei diesen Autoren keine Rolle mehr. Noch ist dieser generelle Werteverlust – eine theoretisch denkbare Möglichkeit der Globalisierung – nicht eingetreten. Selbst wenn es aber dazu käme, ist der Alkoholkonsum auch weiterhin von Parametern des Lebensstils und einer Mehrzahl soziologischer Rahmenbedingungen und psychologischen Motivatoren mitbestimmt (vgl. Hoff 2002).

Schon Bales (1946) unterscheidet vier Kulturformen zur Charakterisierung verschiedener Gesellschaften hinsichtlich des Alkoholkonsums (vgl. Hoff 2002, S. 59f.):

- „*Abstinenzkulturen*: In Abstinenzkulturen wird, vor allem durch religiöse Vorschriften wie im Islam oder im Hinduismus, der Alkoholkonsum gänzlich verboten. Reine Abstinenzkulturen, in denen die gesamte Bevölkerung ein Alkoholverbot einhält, existieren jedoch kaum noch (Furtwängler 1989); der Verzicht auf Alkohol betrifft eher Subgruppen einer Kultur, die bestimmten religiösen oder moralischen Überzeugungen folgen, wie es z.B. in Indien unter der Führung von Mahatma Gandhi zu beobachten war (Rau 1970).

- *Ambivalenzkulturen*: In Ambivalenzkulturen herrschen zwischen zwei dominanten Gesellschaftsgruppen oder -bereichen unterschiedliche, zum Teil widersprüchliche normative Vorstellungen über den Konsum von Alkohol. So können sich z.B. in der Öffentlichkeit relativ hohe soziale Beschränkungen des Alkoholkonsums infolge puritanischer Einstellungen mit historischer und religiöser Tradition zeigen; der Alkoholgenuss wird aber entsprechend in private Bereiche verlagert. Beispiele einer Ambivalenzkultur sind Amerika oder Skandinavien (Feuerlein et al. 1998).

- *Permissivkulturen*: Der Alkoholkonsum mit einem maßvollen und disziplinierten Trinkstil wird in Permissivkulturen als zulässig und nahezu selbstverständlich angesehen; als sozial inadäquat abgelehnt werden hingegen Alkoholexzesse. Zu den Permissivkulturen gehören z.B. Mittelmeerländer wie Italien oder Spanien, in denen der Genuss von Alkohol zum Alltagsleben im Zusammenhang mit Essgewohnheiten und Lebensstil steht. Hier findet sich vor allem die Form des sozial-konvivialen Konsums wieder.

- *Permissiv-funktionsgestörte Kulturen*: In dieser – allerdings eher seltenen - Alkoholkulturform wird nicht nur der „normale" Alkoholkonsum, sondern auch exzessives Trinken toleriert. So wird z.B. im Alltag relativ regelmäßig Alkohol getrunken; die Steigerung der Trinkmenge zu speziellen Anlässen (Feste) wird nicht als deviantes Verhalten aufgefasst, sondern als sozial akzeptiertes Verhalten geduldet. Als Beispiel wären hier südamerikanische und osteuropäische Länder zu nennen (Feuerlein et al. 1998).

Nach Furtwängler (1989) gehörte Deutschland lange Zeit den Permissivkulturen an, entwickelte sich aber zunehmend zur permissiv-funktionsgestörten Kultur, d.h. Alkohol wird im Alltag regelmäßig konsumiert; die Steigerung der Trinkmenge z.B. zu bestimmten Anlässen (Festen) wird aber nicht mehr als unangemessen angesehen, sondern auch vom sozialen Umfeld akzeptiert. Kulturell mitbestimmt ist aber grundsätzlich nicht nur die Trinkmenge, sondern auch die Art der präferierten Alkoholika, die Konsumsituationen und Verhaltensweisen während des Konsums.

Schon diese zusammengefasste Darstellung zur Positionierung des Alkoholkonsums zwischen Genusserleben, Tabuisierung und Missbrauch vermag deutlich zu machen, was dann an späterer Stelle noch differenzierter zu dokumentieren ist, dass staatliche Reglementierungen im weitesten Sinne nicht die Höhe des gesundheitlich wünschenswerten Alkoholkonsums in der Bevölkerung bestimmen, sondern ausschließlich kulturelle, soziologische, gesellschaftliche und psychologische Rahmenbedingungen. Wenn dem aber so ist, dann muss die Prävention wie Therapie gesundheitlichen Fehlverhaltens immer mit der Diagnose der Bedingungsfaktoren des jeweiligen Verhaltens beginnen. Man kann Verhalten nur beeinflussen, wenn man seine Ursachen kennt. Ausgangspunkt aller theoretischen Annahmen und empirischen Untersuchungen ist dabei eine schon angeführte Grunderkenntnis der Psychologie, die besagt: Menschliches Verhalten und Erleben ist niemals monokausal begründet; es sind immer mehrere Motivationsfaktoren, die dann im Regelfall mit unterschiedlichem Gewicht auch gesundheitliches Fehlverhalten hinreichend beschreiben, erklären und vorhersagen können. Auch kritischer Alkoholkonsum ist wie jedes gesundheitliche Fehlverhalten immer multifaktoriell begründet. Solcher Art begründetes Verhalten, das letztlich einen ganzheitlichen Lebensstil ausmacht, kann nicht durch einen äußeren Reiz – Stimulus – wie es z.B. eine radikale Preiserhöhung für Alkoholika darstellt, verändert werden: Menschen funktionieren nicht nach den Gesetzen der Mechanik einer Maschine. Auch Preiserhöhungen für Alkoholika vermögen den „Trinker“ nicht zum „Nichttrinker“ zu bekehren. Den „homo ökonomicus“ gibt es nun einfach nicht in der Realität; menschliche Entscheidungen sind unabhängig vom Bildungsstand wesentlich stärker von Gefühlen und Irrationalität denn von Rationalität bestimmt.

2. *Die Entwicklung des Alkoholkonsums und Alkoholmissbrauches*

Bei der Diskussion um illegale Drogen und den Missbrauch von Genussmitteln gilt Alkohol in vielen Expertenkreisen nach wie vor als „Volksdroge Nr. 1“, und das nicht nur bei Erwachsenen, sondern auch zunehmend bei Jugendlichen. Die mediale Berichterstattung über immer jüngere Alkoholkonsumenten sowie über geänderte Trinkmuster (Stichwort „binge drinking“) nimmt zu, und trotz gegenläufiger Tendenzen was den Pro-Kopf-Konsum alkoholischer Getränke in der Gesamtbevölkerung angeht, wird der veränderte Umgang der Jugendlichen mit dem Alkohol zum massiven und flächendeckenden Problem erklärt. Dabei tut eine differenzierte Betrachtung der aktuellen Lage Not, denn es gilt einerseits, faktisch gegebene Entwicklungen im Alkoholkonsumverhalten der bundesdeutschen Gesellschaft und insbesondere der Jugendlichen zu registrieren und darauf auch angemessen zu reagieren. Andererseits dürfen aber auch nicht die Augen davor verschlossen werden, dass alkoholische Getränke nach wie vor ein wichtiges Kulturgut, ein sozial wie gesundheitlich in weiten Teilen der Bevölkerung angemessen eingebundenes Genussmittel und nicht zuletzt auch einen relevanten Wirtschaftsfaktor darstellen. Insofern ist es wichtig zu betonen, dass der allergrößte Teil der bundesdeutschen Bevölkerung und auch der Jugendlichen völlig angemessen, bewusst und verantwortlich mit alkoholischen Getränken umgeht. Und auch wenn die Grenze zwischen Genuss und Rausch fließend ist, und das Eine – nämlich der Genuss – gesellschaftlich nicht nur toleriert, sondern sogar aus vielerlei Gründen aktiv gefördert werden sollte (vgl. Bergler & Hoff 2002), während das Andere – der Rausch – als gesundheitliche Bedrohung und volkswirtschaftlich schädigender Faktor verhindert werden muss, so geht es letztlich immer um Augenmaß und Angemessenheit bei der Frage, wie Politik und Gesellschaft den Umgang mit alkoholischen Getränken regeln, kontrollieren, sanktionieren, aber auch freistellen und freigeben sollen. Letztlich kommt es immer darauf an, dass der Einzelne in der Gesellschaft befähigt wird, mit legal produzierten und vertriebenen Produkten angemessen umzugehen. „Jede Gesellschaft hat die Genuss- und Rauschmittel, die sie verdient, die sie braucht und die sie verträgt“ (Schivelbusch 2005). Ein Blick auf die Sozialgeschichte des Alkohols macht deutlich, dass sowohl die Präsenz als auch die Verbreitung alkoholischer Getränke immer in einem Spannungsverhältnis zwischen Wirkungen und Folgen stand. Alkoholgenuss erfüllt immer auch eine soziale

Funktion, die sich in einer bestimmten Trinkkultur ausdrückt. Eingebunden in gewisse als gesundheitlich wie sozial nicht problematisch zu bezeichnende Trinkrituale fördert der Konsum Geselligkeit, Gastfreundschaft, Solidarität. Erst wenn bestimmte Trinkmengen oder Trinkweisen Überhand nehmen, kann es zu negativen Folgen kommen. Hierzu zählen der Kontrollverlust, die Enthemmung und damit verbundene problematische Handlungsweisen sowie kurzfristig unmittelbar erlebbare oder sich nach längerfristigem Alkoholmissbrauch einstellende gesundheitliche Schäden.

Hinzu kommt, dass der gesellschaftliche Stand, die wirtschaftliche Entwicklung einer Gesellschaft sowie Innovationen und Marktveränderungen in der Alkoholbranche in jeder Zeit den Umgang mit Alkohol geprägt haben. So ist auch die Wahl der alkoholischen Getränke hinsichtlich ihrer Verbreitung an Milieus gebunden, Biertrinker unterscheiden sich von Weintrinkern, auf einen Sieg stößt man mit einem Sekt an und einige alkoholische Getränke kommen in regelmäßigen Abständen in Mode und sind wieder „in“. Der Alkohol ist damit ein kulturelles Phänomen aber auch ein soziales Problem, denn die Werte und Normen, Traditionen und Entwicklungen der Gesellschaft bilden die Rahmenbedingungen für die Akzeptanz und den Konsum des Alkohols in der Gesellschaft.

Seit jeher wird der Alkohol und sein Konsum deshalb vielschichtig und stets kontrovers diskutiert und interessiert Mediziner und Chemiker, Biologen und Physiker, Psychologen und Soziologen, Juristen und Kriminologen genauso wie Historiker und Philosophen und nicht zuletzt aufgrund der wirtschaftlichen Hintergründe auch die Ökonomen. Doch mit dem Alkohol und seinem Genuss sind in der Gesellschaft auch viele Vorurteile und Halbwahrheiten, Verharmlosungen oder auch Übertreibungen verknüpft, was die gesundheitlichen Konsequenzen eines maßvollen Umgangs oder auch die Ursachen und den Verlauf einer Alkoholsucht angehen.

Pro Jahr trinkt jeder Deutsche laut Jahrbuch Sucht 2006 (DHS 2006) durchschnittlich 115,8 Liter Bier, 20,1 Liter Wein, 3,8 Liter Schaumwein und ca. 5,8 Liter Spirituosen, dies entspricht einer Menge von mehr als 10 Litern reinem Alkohol. Der allgemeine Trend ist, was den durchschnittlichen Pro-Kopf-Verbrauch an Alkohol angeht, weiter rückläufig. Im Vergleich zum Jahr 1980, wo der Alkoholkonsum im Nachkriegsdeutschland einen Höhepunkt erreicht hatte, trinken die Deutschen zu Beginn des 21. Jahrhunderts etwa 20 Prozent weniger Alkohol.

Dies gilt auch für den Alkoholkonsum in Europa, der seit 1975 erheblich gesunken ist (vgl. Anderson & Baumberg 2006). Betrug der Pro-Kopf-Verbrauch an reinem Alkohol im Jahr 1975 noch 15 Liter, so sank er bis zum Jahr 2006 auf 11 Liter pro Kopf.

Dennoch liegt die Bundesrepublik im europäischen und auch im übrigen internationalen Vergleich immer noch an der Spitze der Konsumstatistiken. Dabei ist allerdings zu berücksichtigen, dass einerseits die Qualität der zur Verfügung stehenden statistischen Zahlen von Nation zu Nation äußerst unterschiedlich ist. Zum anderen ist es irreführend, bei der Bewertung des Alkoholkonsums in einer Gesellschaft nur auf den durchschnittlichen Pro-Kopf-Konsum zu schauen, denn weit über 80 Prozent der bundesrepublikanischen Bevölkerung gehen sozial und gesundheitlich verträglich, eben moderat und unproblematisch, mit Alkohol um. Dies bedeutet, dass die dem Alkohol zugeschriebenen Risikopotenziale und Kosten durch das unangemessene Verhalten einer Minderheit zustande kommen. Betrachtet man zudem die in einer Gesellschaft anzutreffenden Trinkverhaltensmuster, so bescheinigt selbst die Weltgesundheitsorganisation WHO (Babor et al. 2005) den Deutschen einen eher risikolosen Umgang mit Alkohol. Ohne die faktisch gegebene Problematik bestehender Alkoholabhängigkeiten und Alkoholmissbrauchsproblematiken also herunterspielen zu wollen, muss festgehalten werden, dass eine zielführende und effektive Alkoholprävention nicht alleine mit kollektiven, insbesondere verhältnispräventiven Maßnahmen gewährleistet werden kann. Vielmehr müssen die bestehenden Problemgruppen und Problemkonsumenten erkannt und gezielt angesprochen werden, um die Risiken und Kosten eines missbräuchlichen Umgangs mit Alkohol zu begrenzen.

Doch ab wann ist Alkoholkonsum bedenklich? Die Grenzen zwischen unbedenklichem Alkoholkonsum, Alkoholmissbrauch und Alkoholabhängigkeit sind äußerst schwierig zu definieren und eher fließend. Letztlich bewegt sich der Alkoholkonsum in einer Gesellschaft auf einem Kontinuum, das sich zwischen absoluter Alkoholabstinenz über einen maßvollen Konsum von Alkohol bis hin zur Alkoholsucht erstreckt. Allgemein anerkannte Grenzen darüber, welche Mengen Alkoholkonsums als unbedenklich einzustufen sind und welche Konsummuster als gefährlich gelten, fehlen noch. Als ungefährlich gelten nach dem britischen Health Education Council (1994) und der WHO (zitiert nach Feuerlein et al. 1998) Trinkmengen von 24 g Alkohol/Tag bei Männern und 16 g Alkohol/Tag bei Frauen. Die Bundeszentrale für gesundheitliche Aufklärung (BZgA 2007) und die Deutsche Hauptstelle für Suchtfragen (DHS 2007) deklarieren inzwischen auch Trinkmengen von 24 bzw. 20 g Alkohol/Tag bei Männern und 12 bzw. 10 g Alkohol/Tag bei Frauen als unbedenklich. Im Jahr 2004/2005 lagen die Empfehlungen dieser beiden Institutionen noch bei 30 g Alkohol/Tag bei Männern und 20 g Alkohol/Tag bei Frauen. Ohne auf die genauen Hintergründe dieser Grenzwertanpassungen eingehen zu wollen, muss festgehalten werden, dass solche Reduzierungen der „empfohlenen" Alkoholmengen offensichtlich eher eine pädagogische Funktion erfüllen als dass sie durch wissenschaftlich, insbesondere medizinische Erkenntnisse eindeutig gesichert wären. Hinzu kommt, dass angesichts der inter- und intraindividuellen Varianz der Auswirkungen unterschiedlicher Alkoholdosen eine generelle Aussage darüber, wie viel Alkohol pro Tag (noch) nicht schadet, äußerst problematisch, wenn nicht sogar unmöglich ist. Es kommt in dieser Frage in nicht unerheblichem Maße auch auf die individuellen körperlichen Konstitutionen an, ob und wie sich selbst die „empfohlenen" Alkoholmengen auf den einzelnen Menschen auswirken und welche körperlichen Folgen sich daraus ergeben oder eben nicht. Dennoch macht es selbstverständlich Sinn und ist eine staatliche Aufgabe zu regeln, in welchen Lebenssituationen oder bei welchen Personengruppen der Alkoholkonsum auf jeden Fall eingeschränkt oder gänzlich tabuisiert werden sollte. Solche sogenannte „Punktnüchternheitsbereiche" sind

- der Straßenverkehr,
- der Arbeitsplatz,
- die Schwangerschaft und die Stillzeit,
- Phasen der Krankheit und/oder Medikamenteneinnahme.

Hinzu kommt, dass Kinder gar keinen und Jugendliche – wenn überhaupt – erst ab einem bestimmten Alter alkoholische Getränke konsumieren sollten.

2.1 Alkohol und Jugendliche

Der erste Alkoholkonsum und auch das erste Rauscherleben finden meist in der frühen Jugend statt. Laut Drogenbericht 2006 der Bundesregierung (Drogenbeauftragte der Bundesregierung 2006) geben 34 Prozent der 12- bis 17-jährigen Jugendlichen an, schon einmal einen Alkoholrausch gehabt zu haben. Der Anteil der 12- bis 17-jährigen Jugendlichen, die regelmäßig mindestens einmal pro Woche wenigstens eine alkoholische Getränkeart konsumierten, sank hingegen von 20 Prozent im Jahre 2004 auf 18 Prozent im Jahre 2005. Diese positive Tendenz zeigt sich auch in einem Anstieg des Anteils derjenigen Kinder und Jugendlichen, die innerhalb eines Jahres gar keinen Alkohol konsumierten. Waren es im Jahr 2004 24 Prozent aller Befragten, die im Zeitraum von einem Jahr gar keinen Alkohol getrunken hatten, so stieg dieser Anteil für das Jahr 2005 auf 30 Prozent. Zusätzlich kam es zu einer Abnahme der wöchentlich konsumierten Menge an Alkohol in dieser Altersgruppe.

Eine vorsichtige Interpretation dieser seitens der Bundesregierung zur Verfügung gestellten Daten führt zu der Schlussfolgerung, dass es zumindest kein generelles Alkoholproblem bei bundesdeutschen Jugendlichen gibt. Vielmehr ist eine Reduktion des Alkoholkonsums auch in dieser Altersgruppe erkennbar. Es wäre jedoch voreilig, aufgrund dieser Ergebnisse eine generelle „Entwarnung" zu geben. Vielmehr müssen die Daten differenziert betrachtet werden. So lässt sich festhalten, dass ein Großteil der Bundesbürger, nämlich weit über 80 Prozent aller Erwachsenen, angemessen und verantwortungsvoll mit alkoholischen Getränken umgeht. Dies gilt ebenfalls für die Gruppe der Kinder und Jugendlichen. Das unangemessene Konsumverhalten einer relativen Minderheit ist es, das für die hohen Risiken, Gefahren und die Kosten des Alkoholmissbrauchs verantwortlich ist. Genau dieses unangemessene Konsumverhalten und die es praktizierenden Bevölkerungsgruppen müssen in den Fokus aller Präventions- und Interventionsbemühungen gerückt werden. In diesem Zusammenhang sind sich abzeichnende Veränderungen in der Art und Weise wie Alkohol konsumiert wird (z.B. in Form von sogenanntem „binge drinking" oder „Komasaufen", wo innerhalb kürzerer Zeitspannen größere Mengen alkoholischer Getränke konsumiert werden, um möglichst schnell einen Rauschzustand zu erreichen), besonders zu beachten und angemessen zu bekämpfen.

2.2 Gesundheitsrisiken beim Alkoholkonsum Jugendlicher

Die Gesundheitsrisiken, die mit dem Alkoholkonsum im Kindes- und Jugendalter verbunden sind, sind vielfältig und weitaus schwerwiegender als im Erwachsenenalter. Der sich noch im Reifeprozess befindliche Körper verträgt überhaupt keinen Alkohol, und wenn ein Kind oder ein Jugendlicher Alkohol konsumiert, dann baut der Organismus den Alkohol im Vergleich zu einem Erwachsenen schlechter wieder ab und ist damit auch der schädigenden Wirkung des Alkohols vermehrt ausgesetzt. Zum Wohle und zum Schutz der Kindheit und Jugend gibt es deshalb indirekte und direkte Eingriffe des Staates in Bezug auf den Alkoholkonsum noch nicht erwachsener Bürger. Die Abgabe und der Verzehr alkoholischer Getränke im Hinblick auf Minderjährige ist im Jugendschutzgesetz geregelt. Die gesetzliche Altersgrenze für Alkoholkonsum liegt bei 16 Jahren, sie sinkt jedoch auf 14 Jahre, wenn Jugendliche von „Personensorgeberechtigten" (meist Vater oder Mutter) begleitet werden. In diesem Falle ist es nämlich gesetzlich zulässig, dass Kindern ab einem Alter von 14 Jahren sogenannte „weiche" Alkoholika (Wein, Bier, Weinmischgetränke, Biermischgetränke) ausgeschenkt werden. Ab einem Alter von 16 Jahren dürfen Jugendliche diese Getränke auch ohne das Beisein eines „Personsorgeberechtigten" erwerben und verzehren. Erst ab einem Alter von 18 Jahren ist es allerdings gesetzlich zulässig, Spirituosen und spirituosenhaltige Mischgetränke (sogenannte Alkopops) zu erwerben bzw. zu konsumieren. Es ist trivial anzumerken, dass eine rein gesetzliche Regelung der Abgabe und des Verzehrs von alkoholischen Getränken selbstverständlich nicht ausreicht, um Alkoholprobleme im Kindes- und Jugendalter vollständig zu verhindern. Über die Prävalenz von Alkoholmissbrauch und Alkoholabhängigkeit im Jugendalter liegen allerdings kaum zuverlässige Zahlen vor. Die Deutsche Hauptstelle für Suchtfragen e.V. (DHS 2004) schätzt, dass etwa 160.000 Kinder und Jugendliche bis ca. 25 Jahre in Deutschland alkoholabhängig oder stark alkoholgefährdet sind. Alleine schon die Altersspanne in der hier verwandten Statistik macht deutlich, dass die vorliegenden Zahlen viel zu undifferenziert sind, um die Problematik des Alkoholmissbrauchs und der Alkoholabhängigkeit im Kindes- und Jugendalter angemessen zu betrachten.

Für Kinder stellt der Alkohol schon vor der Geburt ein erhebliches Gesundheitsrisiko dar, denn bereits in der Schwangerschaft ist eine indirekte

Schädigung des Kindes durch einen Alkoholkonsum der Mutter – bei ungünstigen Bedingungen schon bei geringsten Mengen – nachgewiesen, weil die sich erst ausbildenden Nerven und Organe des Kindes vom Alkohol direkt angegriffen werden. In Deutschland werden jährlich schätzungsweise 2.200 solcher durch Alkohol in der Schwangerschaft geschädigter Kinder geboren (Löser 1995). Schwere körperliche und geistige Behinderungen wie Minderwuchs oder Entwicklungsstörungen des Gehirns können die Folge sein. Diese alkoholbedingten Schäden vermag gezielte Förderung des Kindes zwar mildern, sie sind jedoch nicht heilbar. Die durch Alkoholkonsum in der Schwangerschaft angelegten körperlichen, geistigen und sozialen Entwicklungsstörungen lassen sich niemals gänzlich auffangen.

Bei Kindern (und auch noch bei Jugendlichen) kann die Leber Alkohol nur bedingt abbauen, denn der kindliche Organismus reagiert viel empfindlicher als der eines Erwachsenen. Schwere Vergiftungen können bereits durch geringe Mengen Alkohol verursacht werden, wie sie z. B. zwei Esslöffel hochprozentiger Schnaps enthalten. Ein jüngeres Kind (10 Jahre oder jünger) kann schon bei einem Blutalkoholwert von 0,5 Promille bewusstlos werden, ohne zuvor die für eine Trunkenheit typischen Symptome zu erleben oder zu zeigen. Der Wert für eine tödliche Atemlähmung liegt bei einem erwachsenen Menschen bei ca. 6 g Alkohol/kg Körpergewicht, bei einem Kind ist der tödliche Wert bereits bei der Hälfte der Menge, nämlich bei 3 g Alkohol/kg Körpergewicht erreicht. Wenn man das durchschnittliche Körpergewicht eines erwachsenen Mannes mit 80 kg veranschlagt, so entspricht dies einer Menge von 480 Gramm Alkohol (= ca. 24 Flaschen Bier à 0,5 Liter). Nimmt man für ein Kind ein Körpergewicht von 40 kg an, so ist der tödliche Wert bereits bei 120 Gramm Alkohol (= ca. 6 Flaschen Bier à 0,5 Liter) erreicht. Zudem ist zu betonen, dass solche Grenzwertnennungen eher theoretischer Natur sind, da die interindividuellen Wirkungsvarianzen des Alkohols bei Erwachsenen und auch bei Kindern und Jugendlichen sehr hoch sind, so dass in vielen Fällen auch schon bei geringeren Konsummengen erhebliche Gefährdungspotenziale gegeben sind.

Auch bei jugendlichen Konsumenten hängt die Wirkung des Alkohols wie bei den Erwachsenen nicht nur von der getrunkenen Menge, sondern auch von dem jeweiligen körperlichen und seelischen Zustand sowie der Gewöhnung an alkoholische Getränke ab. In geringen Mengen führt der Genuss des Alkohols wie bei erwachsenen Konsumenten zu gehobener Stimmung,

Kontaktfreude, Abbau von Hemmschwellen und Ängsten. Bei Missbrauch jedoch kann die Stimmung in Gereiztheit bis hin zu Aggression und Gewalt umschlagen. Wahrnehmung, Aufmerksamkeit, Koordination und Sprache werden beeinträchtigt. Exzessiver Konsum, wie er beim sogenannten „binge drinking" praktiziert wird, führt bei Jugendlichen nicht selten zu Alkoholvergiftungen. Schon beim Verdacht auf eine solche Vergiftung muss sofort ein Arzt konsultiert werden, da das Risiko weiterer gesundheitlicher Schädigungen durch den Alkohol bei Kindern und Jugendlichen nochmals um ein Vielfaches höher eingeschätzt werden muss als bei Erwachsenen. Daneben ist festzuhalten, dass in Zuständen akuter alkoholischer Beeinträchtigung ein erheblich höheres Unfall- und Verletzungsrisiko besteht. Dies gilt gleichermaßen für Kinder, Jugendliche und Erwachsene. Darüber hinaus erhöht der Alkoholkonsum ebenfalls die Gefahr, riskante Verhaltensmuster zu praktizieren (z.B. (ungeschützten) Geschlechtsverkehr, Einnahme anderer psychoaktiver Substanzen, Eintreten in körperliche Auseinandersetzungen, Eingehen auf riskante Wetten/Mutproben). Daher ist nicht nur das Ausmaß an Alkoholisierung ein ernst zu nehmender Risikofaktor, sondern die Tatsache des Alkoholkonsums generell muss speziell bei Kindern und Jugendlichen als risikopotenzierend betrachtet werden.

Wie bei anderen psychoaktiven Substanzen auch führt ein längerer Alkoholmissbrauch zu körperlichen Schäden an den Organen und am Nervensystem. Hat sich schon eine Abhängigkeit körperlicher und/oder seelischer Art entwickelt, können besonders bei abrupter Verringerung der Trinkmenge bedrohliche Entzugserscheinungen auftreten.

Vor dem Hintergrund, dass Kinder und Jugendliche den Alkohol schlechter vertragen können, dass sie bereits schneller irreparable organische Schäden davon tragen sowie einer Abhängigkeit verfallen können, sollte der erste Alkoholkonsum Jugendlicher soweit als möglich hinausgezögert werden. Eine frühe Aufklärungsarbeit der Eltern und eine entsprechende Erziehung der Kinder hin zu einem völligen Alkoholverzicht mindestens bis zum Erreichen des 16. Lebensjahres und danach zu einem maßvollen Umgang mit Alkohol ist hierfür eine unabdingbare Voraussetzung.

2.3 Alkoholkonsum und Alkoholmissbrauch

Die systematische Sichtung der vorliegenden Daten (vgl. Anderson & Baumberg 2006) führt zu folgenden statistisch eindeutig gesicherten Ergebnissen:

> Die Alkoholkonsummuster sind länder- bzw. regionalspezifisch. Es gibt kein Alkoholmuster, das für alle EU-Staaten Gültigkeit hat.

Der Großteil der Menschen, der europaweit Alkohol konsumiert, nämlich 88,4 Prozent, weist einen unproblematischen Alkoholkonsum auf. Unter dem Aspekt der konsumierten Alkoholmenge werden von der Deutschen Hauptstelle für Suchtfragen e.V. (2007a) (basierend auf den Schätzzahlen des IFT München) an Risikogruppen des Alkoholkonsums in Deutschland unterschieden:

- Gruppe mit riskantem Alkoholkonsum: 10,4 Mio. Personen
- Gruppe mit missbräuchlichem Alkoholkonsum: 1,7 Mio. Personen
- Gruppe der Alkoholabhängigen: 1,7 Mio. Personen

Alle Maßnahmen zur Reduzierung eines gesundheitsschädlichen Alkoholkonsums sind also spezifisch für diesen Personenkreis (ca. 11 Prozent der Alkoholkonsumenten) zu entwickeln. Alle generellen Restriktionen würden schwerpunktmäßig aber auch Konsumenten mit einem unproblematischen Alkoholkonsum, der Bestandteil eines Lebensstils, d.h. einer etablierten Ess- und Trinkkultur ist, treffen. Unabhängig von der mehr als zweifelhaften Effektivität einer solchen Maßnahme wäre dann das politische Ziel eines solchen Vorgehens wohl die generelle Reduktion des Alkoholkonsums und damit die indirekte Etablierung der Prohibition.

2.4 „Kosten" des missbräuchlichen Alkoholkonsums

In einem Sammelreferat des Robert-Koch-Institutes zum Thema „Kosten alkoholassoziierter Krankheiten – Schätzungen für Deutschland" (vgl. Bergmann & Horch 2002) geht es letztlich um eine volkswirtschaftliche Berechnung – wie immer die auch im Einzelnen zustande kommt und auch dem Leser nachvollziehbar und verständlich ist – der mit einem „gesteigerten“ Alkoholkonsum (Alkoholmissbrauch) verbundenen ökonomischen Kosten.

Das Ergebnis der vorgenommenen Schätzungen bezogen auf das Jahr 1995 ist:

> Jährlich gibt es 42.000 Todesfälle, die direkt auf gesteigerten Alkoholkonsum zurückgeführt werden; damit verbunden sind ca. 900.000 verlorene Lebensjahre und 280.000 verlorene Erwerbstätigkeitsjahre.

Die Autoren gelangen auf Basis sehr komplizierter und vielfach nicht nachvollziehbarer Formeln zu folgender Kostenrechnung in Bezug auf die mit übermäßigem Alkoholkonsum assoziierten Krankheiten:

Monetär erfassbare direkte Kosten bezogen auf das Jahr 1995:

> Kosten zur Krankheitsbehandlung, Rehabilitation und Therapie (Ressourcenverbrauch): 15.418 Mill. DM
>
> Indirekte Kosten (Ressourcenverlust): 24.154 Mill. DM
> (Kosten für Frühverrentung; verlorene Lebensjahre (20 Jahre niedrigeres Sterbealter); verlorene Erwerbstätigkeitsjahre, Kosten für Arbeitsunfähigkeit u.a.)

Daraus ergeben sich an Kosten insgesamt: 39.572 Mill. DM.

Die Studie von Anderson und Baumberg (2006) „Alkohol in Europa – Eine Public Health-Perspektive“ entspricht konzeptionell dem Vorgehen von Bergmann und Horch (2002). Diese Autoren gehen für Europa von folgenden Schätzungen aus:

> Direkte Kosten (2003): 125 Mrd. €
> (Schwankungsbreite der Schätzungen: 79-220 Mrd. €)
>
> Indirekte Kosten (2003): 270 Mrd. €
> (Schwankungsbreite: 150-760 Mrd. €)

Allein die Schwankungsbreite der Schätzungen macht allerdings die Problematik und damit das Defizit an Stichhaltigkeit und Glaubwürdigkeit deutlich. Unabhängig von den Schlussfolgerungen, die man glaubt aus solchen komplexen Krankheitskostenrechnungen ziehen zu können, muss unter wissenschaftlich-methodischem Aspekt die Frage nach der Berechnungsgrundlage einer Vielzahl von „Ergebnissen" gestellt werden. Es besteht ein dringender Aufklärungsbedarf in Bezug auf das Zustandekommen einer Reihe von Aussagen:

- Die direkt erfassbaren Kosten im Zusammenhang mit Alkoholkonsum (cost-of-illness Methode: CDJ) werden in Europa auf 125 Mrd. Euro geschätzt. Die Frage ist, aufgrund welcher Daten – z.B. Statistik von Krankenkassen u.a. – kommen diese Daten und mit Hilfe von welchem Berechnungsmodus zustande?
- Das Gleiche gilt für die Erfassung der indirekten Kosten, d.h. des volkswirtschaftlichen Ressourcenverlustes: Wie gehen z.B. die individuell unterschiedlichen Kosten der Frühverrentung in die Berechnung ein? Nicht bestritten wird die Zahl von 14.213 Menschen, die durch den Einfluss von Alkohol frühzeitig verrentet werden mussten; nicht einsichtig ist aber der errechnete Kostenbeitrag.
- Wie wird der „Verursacheranteil" von Alkohol bei den unterschiedlichsten Krankheiten eigentlich festgestellt?
- Wie kann die Aussage, dass in Europa der Alkohol für den Tod von 115.000 Menschen im Jahr ursächlich verantwortlich ist, belegt und berechnet werden? Die hinreichend bekannte Ungenauigkeit der in den Sterbetafeln angegebenen Todesursachen kommt wohl als Basis für die gemachten Aussagen nicht in Frage.
- Für Alkoholkranke wird eine gegenüber der Normalbevölkerung geringere Lebenserwartung festgestellt; sie beträgt nach den vorliegenden Daten ca. 20 Lebensjahre. Eine volkswirtschaftliche Kostenbilanz, wenn sie schon die Realität des übermäßigen Alkoholkonsums abbilden will, müsste dann auch die durch die geringeren Lebenserwartungen nicht anfallenden Renten- und Versicherungskosten mit in Anschlag bringen. Diese Radikalisierung einer ausschließlich volkswirtschaftlich orientierten Kosten-Nutzen-Analyse von Krankheitsbildern zeigt auch die Grenzen eines solchen Ansatzes. Menschliches Erleben und Verhalten wird total vernachlässigt. Die Frage nach den Ursachen von Alkoholmissbrauch wird überhaupt nicht gestellt. Erst eine hinreichende Diagnose der ursächlichen Begründung des Alkoholkonsums macht es aber

möglich, Strategien der Prävention und Therapie als Basis für die Reduktion des Alkoholkonsums zu entwickeln.

2.5 Volkswirtschaftliche Konzepte zur Regulierung des Alkoholmarktes

Die von Anderson und Baumberg (2006) vorgelegte ausschließlich volkswirtschaftliche Analyse der Kostenfaktoren – sie ist als kalkulatorische Grundlage der Tarifgestaltung von Krankenkassen sicherlich in gleicher Weise nützlich wie notwendig – gelangt in ihren Schlussfolgerungen dann aber zu „Konzepten zur Regulierung des Alkoholmarktes". Eine rein volkswirtschaftliche Analyse der Kostenfaktoren des übermäßigen Alkoholkonsums, die menschliches Verhalten und Erleben sowie den Alkoholkonsum im biografischen Kontext unbeachtet lässt, muss fast zwangsläufig zu einem motivationspsychologisch in ihren Auswirkungen ineffektiven Maßnahmenkatalog führen. Der EU-Kommission und damit den Regierungen der einzelnen europäischen Länder werden nämlich als wirksame Maßnahmen zur Eindämmung des Alkoholkonsums und damit als Prävention und Therapie für Alkoholmissbrauch drei Maßnahmenbündel vorgeschlagen:

- Die Erhöhung der Steuern auf alle Formen alkoholischer Getränke: Der Preis als Regulator des Alkoholmissbrauchs.
- Die Einführung von Werbeverboten für alle Formen alkoholischer Getränke: Werbeverbote als Instrument zur Reduzierung der Nachfrage.
- Die Reglementierung und Einschränkung des Verkaufes von alkoholischen Getränken insbesondere an Jugendliche: Vertriebsbeschränkungen als Zugangsbarrieren für den Erwerb alkoholischer Getränke.

  Dabei wird u. a. gedacht

  - an ein Abgabeverbot für Jugendliche unter 18 Jahren,
  - eine Einschränkung der Öffnungszeiten für die Abgabe von Alkoholika sowie
  - eine Reduzierung der Verkaufsstellen.

Nur am Rande dieser Diskussion sei nochmals angemerkt: Die vorliegenden Kostenrechnungen sind – wenn sie denn stimmen – von einer Minorität, die diese Fehlverhaltensweisen aufweisen, verursacht. Die empfohlene Prävention und Therapie durch Anhebung bzw. Einführung von Steuerbelastungen würde schwerpunktmäßig aber von den Konsumenten mit angemessenem gesundheitsorientiertem Konsumverhalten bezahlt werden.

Wenn man einmal von den an letzter Stelle angeführten Vertriebsbeschränkungen absieht – obwohl auch diese den Alkoholmissbrauch bedauerlicherweise nicht hinreichend verhindern können – , muss doch aus interdisziplinärer Sicht mit Nachdruck darauf verwiesen werden, dass die angenommene Wirksamkeit von Werbeverboten und steuerlichen Belastungen, also die Wirksamkeit solcher in ihrem Annahmegefüge als monokausal wirksame Präventionsstrategien, von der wissenschaftlichen Psychologie wie Kommunikationsforschung hinreichend widerlegt worden sind. Wenn man die Ursachen des Alkoholkonsums vor allem auch bei Jugendlichen in ihrer Komplexität und dem Gewicht der verschiedenen Bedingungsfaktoren auf Basis repräsentativer Untersuchungen kennt, dürfte es nicht schwer fallen, die Fehlerhaftigkeit, ja Unsinnigkeit eines solchen Ansatzes unmittelbar einzusehen. Es ist ein extrem mechanistisches Menschenbild – die „Rattenebenbildlichkeit“ des Menschen – , das solchen letztlich naiven Wirkungskonzepten zugrunde liegt. Auch wenn manche Werbungtreibende und auch der Großteil der Laien in ihrer naiven Alltagspsychologie von den Funktionen eines einfachen Reiz-Reaktions-Mechanismus ausgehen und darauf auch politische Entscheidungen begründen, bleiben diese Annahmen zentraler Bestandteil von Vorurteilssystemen. Man „glaubt“ an sie, „liebt“ sie und das auch dann, wenn ihr Wahrheitsgehalt gegen Null tendiert.

Noch eine andere Erkenntnis der sozialpsychologischen Kommunikationsforschung scheint uns aber in diesem Kontext erwähnenswert: Wir können heute bereits davon ausgehen, dass praktisch der ganzen Bevölkerung unabhängig von ihrem Lebensalter, nicht zuletzt dank der Informationen, die uns die Massenmedien vermitteln, die gesundheitlichen Risikofaktoren in ihrer Vielfalt, und dies auch im Kontext des Alkoholkonsums, hinreichend bekannt sind. Gravierend ist nun aber die Erkenntnis, dass das nachweisbare Wissen um diese Risikofaktoren nicht automatisch zum Bestandteil des tatsächlich praktizierten Gesundheitsverhaltens wird; man tut eben nicht einfach das, was man weiß, das, worüber man „aufgeklärt“ ist – auch nicht das, was uns Werbung – auch politische Werbung – suggerieren will, sondern man verarbeitet persönlichkeitsspezifisch die begegnende Reizvielfalt auf Basis der eigenen Bedürfnis- und Motivationslagen. Es ist schon ein großer Werbeerfolg, wenn man überhaupt bestimmte Inhalte einer Werbung wahrnimmt; es ist dann noch ein langer Weg von der Wahrnehmung bis zu einem konkreten Kaufentscheidungsverhalten. Am Beginn des Alkoholkonsums Jugendlicher können sich diese schon kaum an Alkoholwerbung (vgl. S. 53) erinnern; auch dies ist schon ein deutlicher Hinweis darauf, dass andere Motivationslagen und Lebensumstände Auslöser des Alkoholkonsums bei Jugendlichen sind.

3. Ursachen des Alkoholkonsums Jugendlicher

Die Prävention wie Therapie gesundheitlichen Fehlverhaltens muss immer mit der Diagnose der Bedingungsfaktoren des jeweiligen Verhaltens beginnen. Man kann Verhalten nur beeinflussen, wenn man seine Ursachen kennt. Ausgangspunkt aller theoretischen Annahmen und empirischen Untersuchungen ist dabei eine schon angeführte Grunderkenntnis der Psychologie, die besagt: Menschliches Verhalten und Erleben ist niemals monokausal begründet; es sind immer mehrere Motivationsfaktoren, die dann im Regelfall mit unterschiedlichem Gewicht auch gesundheitliches Fehlverhalten hinreichend beschreiben, erklären und vorhersagen können.

Die Kenntnis der psychologischen und auch kulturellen Rahmenbedingungen des Alkoholkonsums ist für die Entwicklung von Präventionsstrategien ebenso erforderlich wie das Wissen um die kausalen Zusammenhänge des Alkoholkonsums und des damit verbundenen gesundheitlichen Fehlverhaltens bei unterschiedlichen Risikogruppen.

Jugendliche gelten nun als spezifische Risikogruppe in Verbindung mit dem Konsum von Alkoholika. Risikobehafteten Alkoholkonsum praktiziert allerdings auch bei diesem Personenkreis nur eine Minorität. Eine eingehende repräsentative Untersuchung der Ursachen des Alkoholkonsums Jugendlicher im Alter von 12 bis 17 Jahren macht die Komplexität der Bedingungen für die Entwicklung des Alkoholkonsums deutlich. Mit der Diagnose der

Auslösebedingungen des Alkoholkonsums werden aber gleichzeitig auch die Faktoren deutlich, an denen bei einem kritischen Alkoholkonsum die Entwicklung von Problemlösestrategien – Präventions- und Therapiestrategien – ansetzen muss.

Nachfolgend werden die Kernergebnisse der im Jahr 2000 durchgeführten Studie „Ursachen des Alkoholkonsums Jugendlicher" (Bergler et al. 2000) vorgestellt. Die zentralen Fragen der Untersuchung waren:

1. Welche Bedingungen haben mit welchem Gewicht Einfluss auf die Entwicklung des Alkoholkonsums Jugendlicher?
2. Welches theoretische Erklärungsmodell vermag den Alkoholkonsum Jugendlicher hinreichend zu erklären und vorherzusagen?
3. Welche Rolle kommt der Alkoholwerbung im Bedingungsgefüge des jugendlichen Alkoholkonsums zu?

3.1 Theoretische Grundlagen

Die systematische Analyse der vorliegenden wissenschaftlichen Literatur zu den Ursachen des Alkoholkonsums Jugendlicher zeigt eine Vielzahl möglicher Einflussfaktoren für dieses Verhalten auf. Im Einzelnen finden sich bei weitgehend immer nur partieller Diskussion und Untersuchung u.a. die folgenden Faktoren: Soziodemographische Merkmale, Beziehung zu den Eltern und deren Trinkverhalten, Identifikation mit Peers, Leistungsorientierung und Einstellung zur Schule, Persönlichkeits- und Verhaltensmerkmale, Qualität der Genussorientierung, situativ-kulturelle Rahmenbedingungen, Alkoholbilanz, Qualität und Quantität des Trinkverhaltens (Getränkearten, Trinkmenge, Trinkanlässe, Trinkhäufigkeiten, Trinkbiografie), Alkoholbilanz und Alkoholwerbung.

Als zentrale Ursachenfaktoren des Alkoholkonsums Jugendlicher haben wir berücksichtigt:

- Die Qualität der Eltern-Kind-Beziehung unter Berücksichtigung der häuslichen Trinkatmosphäre.
- Die Qualität der Genussorientierung.

- Die Qualität der Leistungsorientierung.
- Der mögliche Einfluss der Alkoholwerbung.
- Die Alkoholbilanz.
- Das Trinkverhalten nach Qualität und Quantität.

Das vor diesem Hintergrund entwickelte theoretische Modell zur Erklärung und Vorhersage des Alkoholkonsums Jugendlicher stellt eine Vielzahl von Beziehungen zwischen den gefundenen Merkmalen her, die dann mit Hilfe eines Strukturgleichungsansatzes (LISREL) simultan getestet wurden (vgl. Abbildung 1).

Abbildung 1: Das vollständige LISREL-Modell mit Strukturmodell und Messvariablen

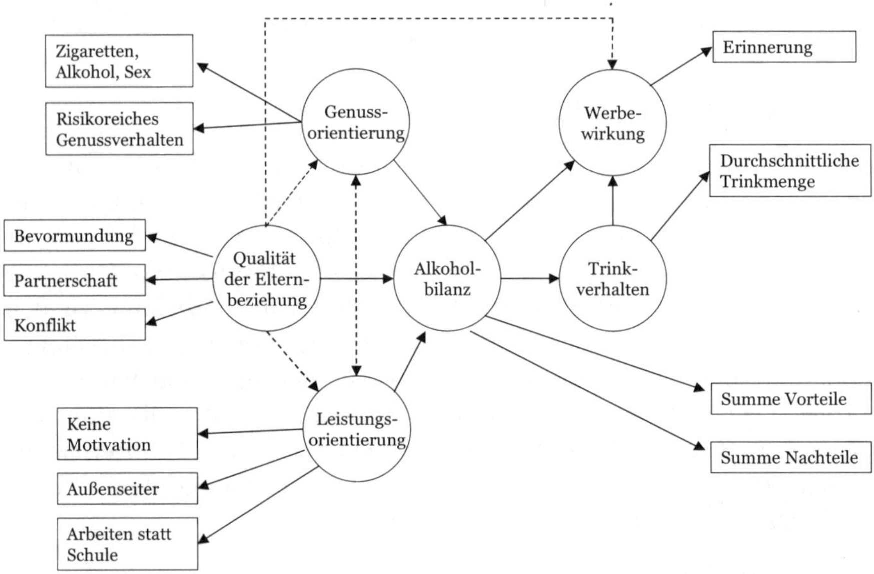

Der Vorteil des Strukturgleichungsansatzes – der auf dieses Modell angewandt wird – ist, dass die postulierten Zusammenhänge zwischen den Variablen nicht nur korrelativ untersucht werden, sondern dass es darüber hinaus möglich ist, auch die kausale Richtung des Einflusses einer empirischen Testung zu unterziehen. Damit geht die Aussagekraft dieses Modells weit über die in vielen rein korrelativen Studien erzielten Ergebnisse hinaus.

3.2 Zentrale Untersuchungsergebnisse

3.2.1 Die Qualität der Eltern-Kind-Beziehung

Die Qualität der Beziehung der Kinder zu ihren Eltern ist die einflussreichste Größe im Erklärungsmodell für den beginnenden Alkoholkonsum von Jugendlichen; sie steht nämlich in enger Wechselwirkung mit der Leistungsorientierung und beeinflusst das Genusserleben wie die Alkoholbilanz. Sie steht damit zwar nicht direkt in Zusammenhang mit dem Trinkverhalten der Jugendlichen, nimmt aber einen nachhaltigen Einfluss auf alle Faktoren, die den Alkoholkonsum der Jugendlichen direkt oder indirekt mitbestimmen.

Die Qualität der Eltern-Kind-Beziehung wird von vier Faktoren in individuell unterschiedlichem Ausmaß bestimmt.

Faktor 1: Bevormundung, Überfürsorglichkeit, Diskrepanz der Wertmaßstäbe

Meine Eltern machen sich viel zu viele Sorgen um mich.
Sie wollen immer alles besser wissen.
Sie behandeln mich oft, als wäre ich noch ein kleines Kind.
Sie mischen sich viel zu oft in meine Sachen ein.
Meine Eltern sind zu streng.
Meine Eltern gehen mir laufend auf die Nerven.
Sie haben altmodische Ansichten, wir haben meistens verschiedene Meinungen.
Ich streite mich oft mit meinen Eltern.

Faktor 2: Partnerschaftliche Beziehung, Gemeinsamkeit und Offenheit

Ich unternehme viel mit meinen Eltern zusammen.
Meine Eltern sind mir so ein bisschen ein Vorbild.
Meine Eltern sind wie Freunde für mich.
Mit ihnen kann ich über alles reden.
Mit meinen Eltern kann man richtig gut reden und diskutieren.

Faktor 3: Problem- und konfliktbelastete Eltern, Vernachlässigung der Kinder

Meine Eltern streiten sich häufig.
Meine Eltern verstehen sich untereinander nicht so besonders.
Sie lassen oft ihre Launen an mir aus.
Meine Eltern haben viel zu wenig Zeit für mich.
Meine Eltern lehnen meine Freunde ab.

Faktor 4: Großzügigkeit und Akzeptanz

Meine Eltern lassen mich eigentlich tun, was ich will.
Meine Eltern nehmen mich so, wie ich bin.
Meine Eltern sind nicht geizig, sie geben und schenken mir viel.

Untersucht man nun das individuelle Ausmaß der Zustimmung zu den verschiedenen Aussagen – sie alle wurden in der Pilotstudie auf Basis offener Fragestellungen von den Jugendlichen selbst gemacht – , dann ergibt sich folgender Zusammenhang zwischen dem Alkoholkonsum Jugendlicher und den verschiedenen psychologischen Typen der Eltern-Kind-Beziehung (vgl. Tabelle 1-A):

Tabelle 1-A: Typen der Eltern-Kind-Beziehung und Alkoholkonsum

Typen der Eltern-Kind-Beziehung		Jugendliches Trinkverhalten		
		Nicht-trinker	Gelegen-heits-Trinker	Regel-mäßige Trinker
Typ I	Relative Gleichgültigkeit, Gesprächsdefizite	21,3 %	**51,4 %**	27,3 %
Typ II	Die Familie als konfliktreiches Beziehungssystem. Antifamiliäre Außenorientierung	19 %	43 %	**38 %**
Typ III	Verständnis aber Überbehütung	29 %	**52 %**	19 %
Typ IV	Geborgenheit, Partnerschaft und freundschaftliche Verbundenheit	**44 %**	40 %	16 %
Typ V	Zuneigung, Akzeptanz aber ausgeprägte Kontrolle	**40 %**	38 %	22 %

Als generelle Untersuchungsergebnisse zur Typologie der Qualität der Eltern-Kind-Beziehung sind festzuhalten:

15 Prozent aller Jugendlichen leben in einer Familiensituation der Geborgenheit, Partnerschaft und der freundschaftlichen Verbundenheit. Für diese Jugendlichen gilt:

- Höchster Anteil von Nichttrinkern (44%) und Gelegenheitstrinkern (40%)
- Höchste Lebenszufriedenheitswerte
- Ausgeprägte Leistungsorientierung und hohe Wichtigkeit von schulischem und beruflichem Erfolg: Keine Konflikte in Schule und Beruf
- Seltener Kneipen- und Discobesuch
- Positives Selbstbild: freundlich, vernünftig, beliebt, familiär, nicht aggressiv
- Genussfelder: Urlaubserlebnisse, Zusammensein mit Freunden und Eltern; negative Bewertung des Tabak- und Alkoholkonsums, des Besuchs von Kneipen, sowie von Sex und risikohaltigem Verhalten

18 Prozent der Jugendlichen leben mit ihren Eltern in einer konfliktreichen Beziehung; sie werden durch Konflikte zwischen den Eltern verstärkt, und dies ist in 29 Prozent der Fälle mitbegründet durch ein Leben in unvollständigen Familien. Für diese Jugendlichen gilt:

- Höchster Anteil von regelmäßigen Trinkern (38%) und auch Versuchen mit Drogen (26%)
- Niedrigste Lebenszufriedenheitswerte
- Gering ausgeprägte Leistungsmotivation
- Dominanz der Clique im Freizeitverhalten
- Präferenz für Horror- und Actionfilme
- Konfliktinduzierendes Selbstbild: Selbstbeschreibung als aggressiv und risikoorientiert

21 Prozent der Jugendlichen leben in einem durch Verständnis, gleichzeitig aber auch durch Überfürsorglichkeit und Bevormundung geprägtem Elternhaus. Für diese Jugendlichen gilt:

- Nichttrinker 29%
- Gelegenheitstrinker 52%
- Regelmäßige Trinker 19%
- Versuche mit Drogen 13%

29 Prozent der Jugendlichen haben zu ihren Eltern ein Verhältnis eingeschränkter Kommunikationsfähigkeit und Kommunikationswilligkeit. Es existieren Defizite an Ansprache und positiver Auseinandersetzung. Für diesen Teil der Jugendlichen gilt:

- Nichttrinker 21%
- Gelegenheitstrinker 51%
- Regelmäßige Trinker 27%
- Versuche mit Drogen 22%

23 Prozent der Jugendlichen verbinden mit dem Erziehungsverhalten ihrer Eltern insgesamt ambivalente Bewertungsmuster zwischen Akzeptanz und Kontrolle; die persönlichen Freiräume werden als zu eingeengt erlebt; bezüglich des Trinkverhaltens ergaben sich folgende Befunde:

- Nichttrinker 40%
- Gelegenheitstrinker 38%
- Regelmäßige Trinker 22%
- Versuche mit Drogen 10 %

Eine weitere Veranschaulichung der gewonnenen Ergebnisse ergibt sich aus einem Vergleich der Jugendlichen, die nur gelegentlich Alkohol konsumieren, und denen, die das regelmäßig tun. **Gelegenheitstrinker** – immer im Vergleich mit regelmäßigen Trinkern –

- erleben weniger Konflikte in Familie und Schule
- sind weniger auf eine Clique fixiert und davon abhängig
- weisen eine wesentlich geringere Tendenz zum Problemtrinken auf
- konsumieren Alkohol in Maßen meist in geselligem Rahmen, der mit viel Freude und auch vielseitigen Genussaspekten in Verbindung gebracht wird
- sind leistungsorientierter
- sind insgesamt risikobewusster

Die Gelegenheitstrinker unterscheiden sich also in ihrer Motivation eindeutig von den regelmäßigen Alkohol konsumierenden Jugendlichen; psychologisch ist für den Großteil aller Gelegenheitstrinker ihr Trinkstatus kein vorübergehender auf dem Wege zum regelmäßigen Alkoholkonsum. Alkohol ist in all diesen Fällen wesentlich mit Genuss und nicht mit Strategien der persönlichen Problemlösung verbunden.

In diesem Zusammenhang ist ein weiterer elternhausbezogener Befund wesentlich:

- Die Trinkatmosphäre des Elternhauses steht in einem positiven Zusammenhang mit der Qualität und Intensität des jugendlichen Alkoholkonsums. Für relativ regelmäßig Alkohol konsumierende Jugendliche treffen nämlich im Vergleich zu Nichttrinkern bzw. Gelegenheitstrinker folgende Erlebnisqualitäten in ausgeprägtem Maße zu:
    - Wenn wir am Abend zusammen sind, dann gibt es immer Bier, auch mal Wein, Sekt oder auch Schnaps.
    - Bei uns wird auch schon mal häufiger einer über den Durst getrunken.
    - Wenn bei uns ein Gläschen getrunken wird, dann ist das immer besonders gemütlich.
    - Nachdem bei uns getrunken wurde, gab es auch schon mal Streit.
    - Ich kann viel besser mit meinen Eltern reden, wenn die etwas getrunken haben.

Jugendliche mit regelmäßigem Alkoholkonsum leben also auch in einem familiären Umfeld mit regelmäßigem Alkoholkonsum; dies trifft sowohl für die Eltern wie die Geschwister zu.

- Die Qualität der Beziehung zu den Eltern steht darüber hinaus – entsprechend den theoretischen Annahmen – immer auch in enger Wechselwirkung mit der Leistungsorientierung der Jugendlichen. Eine durch partnerschaftliches Vertrauen geprägte Beziehung mit den Eltern begünstigt eine positive Bewertung von Schule und Leistungszielen.
- Die Qualität der Beziehung zu den Eltern beeinflusst schließlich auch die Qualität des Freizeitverhaltens sowie die Genuss- und Erlebnisorientierung der Jugendlichen, und dies steht wieder bei risikohaltigem Genussverhalten in einem Zusammenhang mit einer negativen Einstellung zu Schule, Lehrern und Leistungszielen.

3.2.2 Die Alkoholbilanz

Der Konsum von Alkohol wird unmittelbar beeinflusst von der sogenannten Alkoholbilanz, d.h. von der persönlich bedeutsamen Relation der psychologischen Vorteile des Alkoholkonsums zu den psychologischen Nachteilen. Von direktem Einfluss auf die diagnostizierte Qualität und Quantität (Trinkmenge) des Alkoholkonsums ist die messbare sogenannte psychologische Alkoholbilanz. Sie macht es möglich, den Alkoholkonsum bzw. auch die Ablehnung des Alkoholkonsums vorherzusagen. Erklären kann sie ihn allerdings nicht. Dies wird erst möglich aus der Kenntnis jenes wechselseitigen Bedingungsgefüges, das letztlich kausal zur Ausbildung der konkreten Alkoholbilanz führt. Die zentrale moderierende Funktion der Qualität der Eltern-Kind-Beziehung war im Vorausgegangenen dargestellt worden.

Was ist nun aber eigentlich die psychologische Alkoholbilanz und welche Zusammenhänge existieren zwischen dem Bilanzwert und dem persönlichen Alkoholkonsum? Dies lässt sich relativ einfach veranschaulichen:

Je stärker die subjektiven Eintretenswahrscheinlichkeiten der Vorteile des Alkoholkonsums im Vergleich zu den Eintretenswahrscheinlichkeiten der Nachteile wahrgenommen werden, umso größer ist der durchschnittliche Alkoholkonsum der Jugendlichen. Die persönliche Alkoholbilanz bestimmt das Ausmaß des Alkoholkonsums. Erwartete positive Wirkungen des Alkoholkonsums erhöhen den Alkoholkonsum, erwartete negative Wirkungen reduzieren ihn bzw. führen zu seiner Ablehnung.

Die im Folgenden nur exemplarisch angeführten psychologischen Vor- und Nachteile des Alkoholkonsums wurden in einer der Repräsentativstudie vorgeordneten Explorationsstudie zunächst einmal erst gewonnen. Es handelt sich dabei also nicht um „Erfindungen" der Wissenschaftler, sondern ausschließlich um die subjektive „Alkoholwelt" der Jugendlichen. Die konkreten Beschreibungs- und Erlebnismuster wurden faktorenanalytisch aufbereitet; daraus ergab sich dann die Faktorenstruktur der Vor- und Nachteile des Alkoholkonsums. Wahrgenommene **Vorteile** (Faktoren) des Alkoholkonsums von Jugendlichen (mit exemplarischer Veranschaulichung ausgewählter Erlebnismuster) sind:

Faktor 1: Genuss, Entspannung, Geselligkeit

Alkohol hebt die Stimmung, macht gute Laune, ich werde dann immer etwas lustiger.

Alkohol trinken finde ich gesellig.

Wenn ich Alkohol trinke, rede ich mehr, bin gesprächiger.

Wenn ich mit Freunden zusammen bin, dann verbindet es irgendwie, wenn wir Alkohol trinken.

Wenn ich Alkohol trinke, fühle ich mich selbstsicherer, traue mir mehr zu.

Faktor 2: Problembewältigung, Realitätsflucht, Enthemmung

Wenn ich Alkohol trinke, dann kann ich meine Probleme ganz gut vergessen.

Wenn ich Alkohol trinke, dann wird mir nicht so langweilig.

Alkohol baut einfach Hemmungen ab, die ich sonst habe.

Ich sehe die Zukunft mit etwas Alkohol rosiger; irgendwie bin ich zuversichtlicher.

Wenn ich Alkohol trinke, kann ich mich bei anderen gleich besser durchsetzen.

Faktor 3: Coole, erwachsene Selbstdarstellung

Wenn ich Alkohol trinke, werde ich in der Clique eher anerkannt.

Wenn ich Bier, Wein, Schnaps oder etwas anderes Alkoholisches trinke, fühle ich mich erwachsener.

Faktor 4: Esskultur und Lebensstil

Zu einem guten Essen schmeckt mir Wein oder Bier besonders gut.
Alkohol schmeckt einfach gut zum Essen.

Wahrgenommene **Nachteile** des Alkoholkonsums Jugendlicher sind demgegenüber:

Faktor 1: Psychische Kosten: Selbstwertverlust, Fehlverhalten, Kontrollverlust

Ich bekomme Depressionen durch Alkohol, sehe alles sinnlos.
Wenn ich Alkohol trinke, werde ich aggressiv.
Wenn ich Alkohol getrunken habe, fühle ich mich eher schwach.
Durch Alkohol werde ich irgendwie unsicherer.

Faktor 2: Externale Kosten: Konflikte, Risiken

Alkohol fördert mein leichtsinniges Verhalten, zum Beispiel beim Mofa- oder Fahrradfahren.
Alkohol ist teuer, kostet mich viel Geld.
Wenn ich Alkohol trinke, bekomme ich Ärger mit den Eltern.

Faktor 3: Gesundheitliche Schädigungen

Von Alkohol kann ich abhängig und süchtig werden.
Alkohol macht mich dumm, Gehirnzellen sterben ab.
Von Alkohol kann ich eine richtige Vergiftung bekommen.

Faktor 4: Konstitutionelle Beeinträchtigungen, keine Problemlösung

Alkohol hilft eigentlich nicht, Probleme, die ich habe, zu vergessen.
Wenn ich Alkohol trinke, kann ich nicht richtig Sport machen.

Die persönliche Alkoholbilanz bestimmt also das Ausmaß des Alkoholkonsums. Mit dem Anstieg der persönlich erwarteten positiven Wirkungen des Alkoholkonsums erhöht sich auch der persönliche Alkoholkonsum; Nichttrinker von Alkohol bilanzieren ausschließlich negativ.

3.2.3 Alkoholbilanz und Genussverhalten und –erleben

Die Alkoholbilanz steht in enger Wechselwirkung mit dem Genusserleben der Jugendlichen. Wird einerseits risikoreiches Genussverhalten (Zigaretten, Sex, Nervenkitzel, Verbotenes tun) bevorzugt, so werden die Vorteile des Alkoholkonsums als wahrscheinlicher eingestuft als die Nachteile. Eine positive Alkoholbilanz andererseits begünstigt die Bevorzugung riskanten Genussverhaltens.

Es sind sieben Dimensionen, auf denen sich Jugendliche bezüglich ihrer Genuss- und Erlebnisorientierung positionieren:

Faktor 1: Geselligkeit, Zusammensein mit Freunden, Einkaufen

Faktor 2: Konsum von Genussmitteln (Alkohol, Zigaretten) und Sex

Faktor 3: Familienorientierung und Naturverbundenheit

Faktor 4: Freude an gutem Essen und Urlaub

Faktor 5: Freude an risikoreichen Aktivitäten

Faktor 6: Sportliche Leistungsorientierung

Faktor 7: Passive Erlebnisorientierung (Faulenzen, Fernsehen)

Trinkende und nicht trinkende Jugendliche sind gleichermaßen genussorientiert, setzen aber verschiedene Schwerpunkte, in dem sie unterschiedliche Genussmöglichkeiten präferieren. Nicht trinkende Jugendliche sind generell familienorientierter, naturverbundener, auch introvertierter als trinkende Jugendliche; sie lehnen auch mehrheitlich jegliche Form eines risikohaltigen Verhaltens ab.

Noch auf einen weiteren Zusammenhang ist hinzuweisen: Die Bevorzugung risikoreichen Genussverhaltens begünstigt nämlich außerdem eine negative Einstellung zu Schule, Lehrern und Leistungszielen.

3.2.4 Alkoholbilanz und Leistungsorientierung

In diesem Kontext lassen sich die folgenden Wirkungszusammenhänge nachweisen:

Mit abnehmender Leistungsorientierung nimmt die Attraktivität des Alkoholkonsums zu. Anders formuliert: Die Eintretenswahrscheinlichkeiten der Vorteile des Alkoholkonsums überwiegen die Eintretenswahrscheinlichkeiten der Nachteile immer dann, wenn Schule und schulische Leistung negativ und die Beziehung zu den Lehrern als schlecht beurteilt werden sowie wenig Freude an Leistung empfunden wird; im einzelnen umfasst dieser Verhaltenskomplex:

- geringe Lernmotivation: Langeweile in der Schule,
- gespanntes, konfliktreiches Verhältnis zu Lehrern; kein Erleben von Sympathiewertigkeit und Vorbildfunktion,
- kein Leistungsehrgeiz und fehlende Wichtigkeit von schulischem Erfolg,
- unterdurchschnittlicher Leistungsstandard; Defizit an Erfolgserlebnissen.

Das Ausmaß der persönlichen Leistungsmotivation bestimmt also wesentlich auch das Ausmaß des Alkoholkonsums bzw. dessen Ablehnung. Auch in diesem Kontext ist aber wiederum das Elternhaus von wesentlicher bedingender Bedeutung.

Die Kausalanalyse der Entwicklung des Alkoholkonsums Jugendlicher lässt sich in ihrem Bedingungsgefüge folgendermaßen zusammenfassen:

Die Qualität der Beziehung zu den Eltern ist der einflussreichste Faktor für die Erklärung der Einstiegsbedingungen für den jugendlichen Alkoholkonsum. Begründet ist dies in dem Tatbestand, dass die untersuchte, insgesamt sehr komplexe individuelle Qualität der Eltern-Kind-Beziehung in Wechselwirkung steht mit der Entwicklung der Leistungsorientierung und Leistungsmotivation und außerdem die Qualität des Genusserlebens ebenso beeinflusst wie die spezifische Alkoholbilanz. Die Qualität der Eltern-Kind-Beziehung nimmt also Einfluss auf alle Faktoren, die den Alkoholkonsum der Jugendlichen direkt oder indirekt mitbestimmen. Anders formuliert: Die Auslösebedingungen für den Beginn des Alkoholkonsums sind zentral in der Qualität der Eltern-Kind-Beziehung begründet; diese hat einen entscheidenden Einfluss auf die Alkoholbilanz: Konfliktreiche Eltern-Kind- und Partnerbeziehungen führen zu einer subjektiven Maximierung der Vorteile des Alkoholkonsums bei gleichzeitiger Minimierung der subjektiven Eintretenswahrscheinlichkeiten der Risikofaktoren (Nachteile) des Alkoholkonsums. Die Typen der Eltern-Kind-Beziehung sind immer auch Zielgruppen für die Entwicklung und Anwendung zielgruppenspezifischer Präventionsstrategien.

3.2.5 Alkoholkonsum und Alkoholwerbung

Wieweit nun Werbung und Vertrieb für Alkoholika ein auslösendes Element des Alkoholkonsums sind, wurde wegen der Aktualität dieser Frage in der öffentlichen gesundheitspolitischen Diskussion auch in der vorliegenden Untersuchung in differenzierter Form behandelt.

Die Erforschung der Ursachen des Alkoholkonsums von Jugendlichen hat in ihrer Kausalanalyse (vgl. Abbildung 1 S. 42) wesentlich auch die Frage untersucht, ob und wenn ja in welchem Umfange Werbung für Alkoholika einen direkten Einfluss auf den Beginn des Alkoholkonsums Jugendlicher hat. In unserem Strukturgleichungsmodell wurden zwei Hypothesen getestet. (1) Die Alkoholwerbung hat einen konsumrelevanten Einfluss auf den Einstieg Jugendlicher in den Alkoholkonsum und (2) die Alkoholwerbung erfährt erst nach dem Einstieg Jugendlicher in den regelmäßigen Alkoholkonsum Beachtung im Sinne der Markenorientierung.

Die Ergebnisse der Hypothesenüberprüfung sind eindeutig, nämlich: Der Alkoholwerbung kommt nach allen vorliegenden Ergebnissen keine Auslösefunktion für den Beginn des Alkoholkonsums im Jugendalter zu. Erst wenn ein Jugendlicher regelmäßig Alkohol konsumiert, gewinnt die Markenwerbung als Präsentation attraktiver Konsumalternativen an Bedeutung. Werbung ist kein Instrument der Primärmotivation für den Konsum eines bestimmten Produktes, sondern ausschließlich ein Instrument der Sekundärmotivation für die Auswahl aus konkurrierenden Angeboten. Die Thesen der naiven Werbewirkungstheorien, wie sie in der allgemeinen, vor allem aber auch in der politischen Öffentlichkeit vertreten werden, lassen sich nicht verifizieren. Werbeverbote sind also kein effektives Instrumentarium der Prävention eines zu frühzeitigen und zu intensiven Alkoholkonsums.

Zur Differentialdiagnose des hypothetisch möglichen Zusammenhanges zwischen der Alkoholwerbung und dem Beginn des Alkoholkonsums im Jugendalter wurden noch eine Reihe von Fragestellungen in die Untersuchung aufgenommen, die sich auch in anderen Studien, wenn auch in anderer Operationalisierung und in keinem Fall im Rahmen eines kausalanalytischen Ansatzes, finden. Die von uns zusätzlich untersuchten, hypothesengeleiteten Zusammenhänge vermögen den dargestellten zentralen Befund der Kausalanalyse weiter zu bestätigen. Wir gingen dabei von folgenden theoretischen Wirkungszusammenhängen (Hypothesen) von Werbung und Alkoholkonsum aus:

Hypothese 1: Mit der Zunahme der Kenntnis von Alkoholwerbung steigt die Wahrscheinlichkeit, mit dem Alkoholkonsum zu beginnen.

Die Ergebnisse sind in Tabelle 2-A zusammengefasst:

Tabelle 2-A: Anzahl erinnerter Alkoholwerbungen (Mittelwertvergleiche; N=997)

	Nichttrinker (n=300)	Gelegenheits-trinker (n=451)	Regelmäßige Trinker (n=246)	Sig. eta^2
12 – 13-jährige Jugendliche	2,7	2,6	3,5	n.s.
14 – 15-jährige Jugendliche	3,1	4,0	4,0	n.s.
16 – 17-jährige Jugendliche	3,3	4,6	4,8	n.s.

Die Überprüfung der Daten (vgl. Tabelle 2-A), getrennt nach den drei Altersgruppen und dem jeweiligen Trinkstatus, ergab also keinerlei signifikante Zusammenhänge, d.h. die Hypothese musste falsifiziert werden. Anhand dieser Ergebnisse wird somit deutlich, dass die Kenntnis von Alkoholwerbung nicht mit dem Trinkverhalten der Jugendlichen zusammenhängt, sondern ausschließlich mit ihrem Alter. Ältere Jugendliche wurden aufgrund ihres kalendarischen Alters häufiger mit Alkoholwerbungen konfrontiert als jüngere Jugendliche und können sich dementsprechend auch an mehr Werbungen erinnern, und dies unabhängig davon, ob sie selbst Alkohol konsumieren oder nicht.

Hypothese 2: Die allgemeine Sympathiewertigkeit der Alkoholwerbung fördert den Einstieg Jugendlicher in den Alkoholkonsum.

Auch diese zweite Hypothese musste falsifiziert werden: Es gibt keine allgemeine Sympathiewertigkeit der Alkoholwerbung bei Jugendlichen in Abhängigkeit von dem Ausmaß des Alkoholkonsums. Es ist nämlich nicht nachweisbar, dass mit dem Einstieg und Anstieg des Alkoholkonsums der Jugendlichen die Sensibilität für Alkoholwerbung und in deren Gefolge die entsprechende Werbekenntnis und deren Sympathiewertigkeit zunimmt. Nichttrinker aber auch Gelegenheitstrinker können der Alkoholwerbung keine Attraktivität abgewinnen. Erst wenn man regelmäßig Alkohol über einen längeren Zeitraum konsumiert, gewinnt Alkoholwerbung einen gewissen Unterhaltungs- und Stimulationswert.

Hypothese 3: Das persönliche Selbstbild (wie sich Jugendliche selbst beschreiben) und das durch die Alkoholwerbung vermittelte Werbebild (wie Jugendliche die prototypischen „Agenten“ der Alkoholwerbung erleben) korreliert bei Alkohol konsumierenden Jugendlichen positiv.

Auch der in dieser Hypothese postulierte Zusammenhang lässt sich bei einer differenzierten Analyse der Ergebnisse nicht nachweisen. Auftretende Differenzen zwischen Selbstbild und Werbebild sind nämlich ausschließlich in der jeweils spezifischen Entwicklungsphase des Jugendlichen begründet. Ein Erklärungswert für mögliche Werbewirksamkeit ist damit nicht gegeben. Da es sich im Falle des Werbebildes um ein allgemeines, nicht produktspezifisches Stereotyp handelt, das in keinem spezifischen Zusammenhang mit dem Trinkstatus der Jugendlichen steht und sich außerdem die Differenzen zwischen Werbebild und Selbstbild im Entwicklungsprozess unabhängig vom Trinkstatus immer mehr abbauen, kann die dieser Hypothese zugrunde liegende Selbstkonzepttheorie zur Erklärung der produktspezifischen Werbewirksamkeit nicht weiter aufrecht erhalten werden. Das Image der Personendarstellungen in der Werbung ist stereotyp verfestigt und unabhängig vom Trinkstatus. Effekte der Werbung lassen sich nicht nachweisen.

Hypothese 4: Die wahrgenommene Botschaft, Erlebnisqualität und Illusionswelt der Alkoholwerbung entspricht den persönlichen Erlebnis- und Gefühlslagen der Jugendlichen: Diese sympathische Ähnlichkeit fördert die Nachfrage nach Alkohol.

Die vorliegenden Untersuchungsergebnisse können auch diesen postulierten generellen Zusammenhang nicht bestätigen. Erst bei regelmäßig Alkohol konsumierenden Jugendlichen nähern sich mit fortschreitendem Lebensalter die Illusionswelten der Werbung immer weiter den persönlichen Erlebnis- und Gefühlslagen an, die von den Alkohol konsumierenden Jugendlichen mit dem Alkoholkonsum in Verbindung gebracht werden; für diese Jugendlichen profilieren sich die attraktiven Alternativen – Produkte

(Marken) – entsprechend den sich entwickelnden Motivationslagen der Zielgruppe.

Hypothese 5: Vertriebs-, Werbe- und Verkaufsverbote sind Marketingstrategien, die geeignet sind, den frühen Einstieg Jugendlicher in den Alkoholkonsum zu verhindern.

Untersucht wurde im Zusammenhang mit der vorliegenden Untersuchung das Thema „Verbote und Verhalten" aus der Bewertungsperspektive der Jugendlichen selbst. Es ging in diesen Fragen also darum, in Erfahrung zu bringen, in welchem Umfang Jugendliche die verschiedenen möglichen Verbotsstrategien als wirksame und „überzeugende" Strategien für die Verhinderung eines zu frühen Einstiegs von Kindern und Jugendlichen in den Alkoholkonsum erleben.

Vertriebsverbote

Die eingeschränkte Abgabe von Alkohol an Jugendliche wird nur in sehr geringem Maße als wirksames Mittel zur Reduktion des Alkoholkonsums angesehen; selbst bei Nichttrinkern glauben nur 45 Prozent der Jugendlichen an einen solchen Effekt. Diese Annahme wird außerdem umso weniger geteilt, je mehr Erfahrung die Jugendlichen selbst mit Alkohol gewonnen haben.

Etwas mehr Effektivität – aber auch dies nur in eingeschränktem Maße – erwartet man in Verbindung mit einer Reduktion der Geschäfte, die überhaupt berechtigt sind, Alkohol zu verkaufen.

Werbeverbote

Die Einstellungen zu Werbeverboten und die Analyse der Erwartungen über die mögliche Wirksamkeit solcher Maßnahmen führen zu folgenden Befunden:

1. Die relativ stärkste Befürwortung von Werbeverboten findet sich verständlicherweise auf Seiten der Jugendlichen, die keinen Alkohol konsumieren.

2. Unabhängig vom Ausmaß der Befürwortung eines Werbeverbots ist der Befund, dass fast alle Jugendlichen erhebliche Zweifel an dem Sinn und Zweck solcher Werbeverbote äußern. Mit Ausnahme eines Teils der Nichttrinker entwickeln die Jugendlichen viel Skepsis in Bezug auf den Erfolg einer solchen Maßnahme in Verbindung mit dem persönlichen Alkoholkonsum.

3. Das Lebensalter der Jugendlichen hat auf diese Beurteilungsmuster von Werbeverboten keinen Einfluss.

4. Ein Einfluss von Werbeverboten auf den eigenen Trinkstatus wird praktisch verneint.

5. Die Effektivität eines allgemeinen Alkoholverbotes wird ebenfalls erheblich in Zweifel gezogen. Mit fortschreitendem Lebensalter sind Jugendliche immer mehr davon überzeugt, und dies unabhängig von ihrem Trinkstatus, dass auch ein allgemeines Alkoholverbot Menschen nicht davon abhalten wird, weiter Alkohol zu konsumieren.

Gesamtbefund: Alkoholwerbung und Alkoholkonsum

Der Alkoholwerbung kommt nach allen bisher vorliegenden Daten keine Auslösefunktion für den Beginn des Alkoholkonsums im Jugendalter zu (analoge Ergebnisse finden sich auch in Verbindung mit dem Beginn des Zigarettenkonsums; vgl. dazu Bergler et al. 1995). Nach Meinung des Großteils der befragten Jugendlichen gilt dies auch für mögliche restriktive Maßnahmen im Vertrieb.

Die Ergebnisse der Untersuchung falsifizieren eindeutig die Annahme, dass die Ursachen eines frühzeitigen und nicht angemessenen Alkoholkonsums im Jugendalter zentral in der Alkoholwerbung zu suchen sind. Die Thesen der naiven Werbewirkungstheorien, wie sie in der allgemeinen, auch politischen Öffentlichkeit vertreten werden, lassen sich nicht verifizieren. Werbeverbote sind also kein effektives Instrumentarium der Prävention eines zu frühzeitigen und zu intensiven Alkoholkonsums.

Die Auslösebedingungen für den Beginn des Alkoholkonsums sind zentral in der Qualität der Eltern-Kind-Beziehung begründet; diese hat den entscheidenden Einfluss auf die Alkoholbilanz: Konfliktreiche Eltern-Kind- und

Partnerbeziehungen führen zu einer subjektiven Maximierung der Vorteile des Alkoholkonsums bei gleichzeitiger Minimierung der subjektiven Eintretenswahrscheinlichkeiten der Risikofaktoren – Nachteile – des Konsums alkoholischer Getränke.

4. Ausgangslage einer effektiven Alkoholprävention

Wesentlich an den nun theoretisch wie empirisch hinreichend begründeten Erkenntnissen zu dem Bedingungsgefüge des „Alkoholeinstieges" wie des „Alkoholmissbrauches" ist die Tatsache, dass man sich nunmehr auch gesundheitspolitisch den wirklich entscheidenden Faktoren eines zur Diskussion stehenden Konsumverhaltens zuwenden kann. Wer glaubt, auf der Basis von Fehldiagnosen wie z.B., dass Werbung ein zentraler Auslöser für den Alkoholkonsum Jugendlicher wäre, auch politische Entscheidungen treffen zu müssen, wird keinen Beitrag zur Gesundheitsförderung leisten, sondern durch eine andauernde Aktualisierung der Diskussion über die Bedeutung der Werbung für den Einstieg in den Alkoholkonsum verhindern, dass man sich mit den eigentlichen Ursachen von Fehlverhaltensweisen befasst. Werbe- und Vertriebsverbote sind Quasiproblemlösungen und letztlich Barrieren einer effektiven Gesundheitspolitik und auch einer auf Selbstverantwortlichkeit hin ausgerichteten Gesundheitserziehung.

Alkoholmissbrauch bei Jugendlichen ist immer und zentral ein Symptom und nicht die Ursache eines gesundheitlichen und vor allem auch psychologischen Fehlverhaltens. Wir haben zeigen können, dass ein früher und relativ intensiver Alkoholkonsum bei Jugendlichen zentral begründet ist:

- in der Fehlverarbeitung von entwicklungspsychologischen Herausforderungen: Jugendliche erleben die Pubertät als eine in vielfältiger Hinsicht in sich widersprüchliche und nicht selten auch kritische Entwicklungsphase, in der die Diskrepanzen zwischen der Realität und den persönlichen Bedürfnissen besonders groß sind. In dieser Phase beginnen junge Menschen, ihr Leben selbst in die Hand zu nehmen, und dies ist mit vielfältigen Schwierigkeiten verbunden. Es gilt hier, eine Vielzahl von „Entwicklungsaufgaben" zu lösen, und dies kann auf die unterschiedlichste Art und Weise aktiv-gestaltend, passiv-verdrängend, aggressiv-verneinend, aber auch depressiv-destruktiv erfolgen. Der regelmäßige Alkoholkonsum vermag dann schon zu diesem frühen Zeitpunkt jugendlicher Entwicklung zu einem Quasiproblemlöser jugendlichen Selbsterlebens in der Pubertät zu werden.

- in einer inadäquaten Problemlösestrategie: Wir haben im Rahmen der so genannten Alkoholbilanz zeigen können, dass dann, wenn Alkohol die Funktionen der Verdrängung von Zukunftsängsten und Einsamkeitsgefühlen, der Entwicklung von Gefühlen der Selbstsicherheit und Selbstbehauptung, des Erwachsenseins, aber auch der Überwindung von Kontaktbarrieren zu anderen Menschen erfüllt oder zu übernehmen beginnt, damit auch der regelmäßige wie intensive Alkoholkonsum verbunden ist. Ein differenziertes Genusserleben tritt demgegenüber in den Hintergrund.
- in der Konfliktträchtigkeit der Eltern-Kind-Beziehungen und einem vielfach hohen Ausmaß an Erziehungsunsicherheit der Eltern, aber auch deren Defiziten an Erziehungswilligkeit. Fasst man einmal die aktuellen Risikofaktoren kindlicher und jugendlicher Entwicklung zusammen, dann wird bei großen interfamiliären Unterschieden deutlich, dass für eine positive Bewältigung ganz natürlicher Pubertätsprobleme hier erhebliche Barrieren auffindbar sind. Zu erwähnen sind: Erziehungsunsicherheit, Gleichgültigkeit, Laisser-faire-Erziehung, Überbehütung, Vernachlässigung, Gewalt/Aggression, Abhängigkeit, Alleinsein – Einsamkeit, Elternkonflikte, Inkonsequenz des Verhaltens, Defizite an Vorbildverhalten, vor allem auch in Verbindung mit Alkohol und Tabakkonsum.
- in einer positiven Alkoholbilanz.

Alle Prävention und Therapie im Kontext von gesundheitsschädlichem Alkoholkonsum hat nur Aussicht auf Erfolg, wenn sie bei den zentralen Ursachen des Alkoholmissbrauchs ansetzt. Diese zentrale Erkenntnis aller Therapieforschung ist eigentlich nicht neu. Schon der Theologe Fray Bernardino Sahagin (1499-1590) hatte formuliert: „Der Arzt ist nicht imstande, dem Kranken eine wirksame Medizin zu verabreichen, wenn er nicht zuvor untersucht, aus welchen Gründen die Krankheit entsteht“. Die Gesundheitspolitik sollte dieser Einsicht und nicht dem Postulat naiver

Annahmen und schon längst widerlegten Quasi-Therapiekonzepten folgen. Tut sie es trotzdem, dann wird auch weiterhin das für einen bestimmten Personenkreis gravierende Problem des Alkoholkonsums mit all seinen ökonomischen, psychologischen und medizinischen Folgen unlösbar sein.

5. Gesundheitliche Risikofaktoren und Lebensstil

Auch wenn im Mittelpunkt des Interesses der vorliegenden Untersuchung die Ursachen des Alkoholkonsums Jugendlicher stehen, darf doch der ganzheitliche Zusammenhang dieses gesundheitlichen Risikofaktors mit dem allgemeinen Gesundheitsverhalten und damit dem Lebensstil junger Menschen nicht unbeachtet bleiben. Übermäßiger Alkoholkonsum von Jugendlichen wie Erwachsenen ist immer nur einer unter einer Mehrzahl von gesundheitlichen Risikofaktoren. Hohe Defizite in Bezug auf das Ausmaß des persönlich praktizierten Gesundheitsverhaltens ergeben sich nämlich in der deutschen Bevölkerung auch in Verbindung mit

- der Durchführung medizinischer Vorsorgeuntersuchungen: Körpersensibilität
- der Qualität des persönlichen Ernährungsverhaltens und den damit assoziierten Krankheitsbildern: Ernährungssensibilität
- dem Zigarettenkonsum
- dem Ausmaß sportlicher Aktivitäten: Körpertraining und Körperbewusstsein
- der praktizierten Zahn- und Körperhygiene
- dem persönlichen Impfstatus
- dem Alkoholkonsum u.a.

Bei all diesen Risikofaktoren kann nachweislich davon ausgegangen werden, dass die Vielfalt gesundheitlicher Aufklärungsaktivitäten dazu geführt hat, dass der Großteil der Bevölkerung und damit auch der Jugendlichen ein hinreichendes Wissen über diese Risikofaktoren besitzen, trotzdem aber die

Mehrheit der Betroffenen sich nicht entsprechend seinem Wissen verhält. Wissen ist eben nur eine notwendige nicht aber hinreichende Bedingung für ein dem Wissen entsprechendes Verhalten. Die zentrale Frage für die Entwicklung effektiver Präventionsstrategien ist deshalb:

Welche Bedingungen begründen gesundheitsorientiertes Verhalten

und

unter welchen Bedingungen – Präventionsstrategien – wird gelerntes Wissen in alltäglich praktiziertes Verhalten umgesetzt?

Schon unsere früheren Untersuchungen der Ursachen für definiertes gesundheitliches Verhalten bzw. Fehlverhalten (vgl. Bergler et al. 1995) haben in jedem einzelnen Fall die Komplexität der Zusammenhänge deutlich gemacht und damit aber auch die Schwierigkeiten, Fehlverhalten zu vermeiden oder auch zu therapieren bzw. zu regulieren. Es gilt festzuhalten: Ein konkreter gesundheitlicher Risikofaktor wie beispielsweise übermäßiger Alkoholkonsum ist niemals ein isolierbares Verhaltenselement, das man verhaltenstherapeutisch gleichsam „herauskonditionieren" könnte, sondern ist primär Bestandteil des allgemeinen in sich vielschichtigen Gesundheitsverhaltens, und dies wiederum ist ein integrierter Bestandteil eines ganzheitlichen Lebensstils (vgl. Bergler & Steffens 1996). Dieser Lebensstil aber ist immer das Ergebnis eines biografischen Entwicklungsprozesses. Will bzw. muss man aber Lebensstile ändern, dann hat dies sich verändernde Interaktions- und Kommunikationsstile zur Voraussetzung. Der Weg von einem risikohaltigen zu einem wünschenswerten, durchaus auch genussorientierten Lebensstil ist immer gleichbedeutend mit einem erlebnismäßig qualitativ sich verändernden Lebensstil und damit aber auch der zugrundeliegenden Persönlichkeitsstruktur.

Es war im Vorausgegangenen gezeigt worden, dass missbräuchlicher, gesundheitsschädigender Alkoholkonsum Jugendlicher in seinem Ursachengeflecht vielschichtiger Natur und letztlich in einem gesundheitsschädigendem allgemeinen Lebensstil begründet ist, der letztlich gegenüber steuerlichen Reglementierungs-, Vertriebs- und Werbeverbotsstrategien weitgehend immun ist. Nur die systematische Entwicklung und Anwendung von Präventionsstrategien, die in Elternhaus und Schule ihre zentralen Vermittler und Katalysatoren besitzen müssen, ist die einzige Möglichkeit, mittelfristig den Umgang mit Alkohol zu regulieren. Alle Gesundheitserziehung beginnt im Elternhaus. Die Eltern sind die Sozialisationsagenten der Prävention; es ist ihr Lebensstil und ihre Sensibilität in Bezug auf das Verhalten ihrer Kinder, die eine Entwicklung von Alkoholmissbrauch mit hohen Erfolgsaussichten verhindern können. Am Anfang steht die Problemsensibilisierung und die Vorbildlichkeit des elterlichen Lebensstils, der immer auch geprägt sein muss von einem angemessenen Alkoholkonsum im Rahmen einer Trinkkultur, die Lebensqualität, Wohlbefinden und Gesundheit in gleicher Weise gewährleisten.

Im Folgenden wird ein entsprechender exemplarischer präventiver Ansatz in seiner Entwicklung, seiner Anwendung und seiner Bewertung vorgestellt. Zuvor wird dieser in die Landschaft bestehender Präventionsansätze zum Thema Alkoholkonsum bei Kindern und Jugendlichen, die sich zentral an deren Eltern und Erziehungsberechtigte richten, eingeordnet.

6. Alkoholprävention – Ausgewählte Präventionsprogramme

Die Themen Alkoholkonsum, Alkoholmissbrauch, Alkoholabhängigkeit, und Suchtprävention stehen in Deutschland in den letzten Jahren immer stärker im Mittelpunkt des öffentlichen Interesses. Präventions- und Interventionsmaßnahmen verschiedenster Couleur und Hilfemaßnahmen bei Missbrauch oder Abhängigkeit werden von unterschiedlichen Stellen und Organisationen angeboten und durchgeführt. Hierzu gehören beispielsweise staatliche Institutionen ebenso wie Einrichtungen in kirchlicher Trägerschaft, Maßnahmen und Angebote der Krankenkassen, aber auch industriegestützte und privat organisierte Initiativen. Die generelle Auffassung, dass eine frühzeitige Aufklärung und Sensibilisierung die Etablierung eines nicht angemessenen Alkoholkonsummusters verhindern und langfristig zu einem angemessenen Umgang mit Alkohol führen kann, hat zur Entwicklung zahlreicher Präventionsprogramme und -maßnahmen unterschiedlichster Form und mit variierenden Zielgruppen geführt. Und auch wenn diese Bedingung sicherlich notwendig aber nicht hinreichend ist, um Alkoholmissbrauch und –abhängigkeit nachhaltig einzudämmen, rücken gerade Kinder und Jugendliche als Ansprechpartner für Präventionsmaßnahmen immer mehr in den

Vordergrund. Beispielsweise sollen über Medienaktionen gezielt junge Menschen angesprochen und so für Nüchternheit und/oder maßvollen Umgang mit Alkohol geworben werden. Weitere Themenschwerpunkte solcher Kampagnen sind die Folgen übermäßigen Alkoholkonsums und des „binge drinking". Ebenso ist die Dauerkampagne „Keine Macht den Drogen" an dieser Stelle zu nennen, die sich allerdings nicht nur an Jugendliche wendet, und die zu einem generellen Verzicht auf psychoaktive Substanzen aufruft. Die Deutsche Hauptstelle für Suchtfragen (DHS) stellte das gesamte Jahr 2002 unter das Schwerpunktthema „Alkohol". Die im Juni 2007 durchgeführte „Suchtwoche" – einem Gemeinschaftsprojekt von DHS, BZgA und zahlreichen Institutionen der Suchthilfe – widmete sich ebenfalls schwerpunktmäßig dem Thema Alkohol. Zentral ist in diesem Zusammenhang auch die Beschäftigung und Auseinandersetzung der Kinder und Jugendlichen mit den Themen Sucht und Abhängigkeit im schulischen Kontext. Sucht- und Drogenprävention ist ein zentrales Thema in den Curricula verschiedenster Fächer. Insofern erhalten die Kinder und Jugendlichen hier in der Regel ein umfängliches Informations- und Aufklärungsangebot, wobei es diesbezüglich allerdings erhebliche Schwankungen in Abhängigkeit von der Schulform, dem Bundesland und schließlich auch dem Engagement des einzelnen Lehrers gibt. Es würde an dieser Stelle zu weit führen, einen kompletten Überblick über die in diesem Zusammenhang für Kinder und Jugendliche angebotenen und konzipierten Maßnahmen zu geben. Zudem richtet sich die hier im Mittelpunkt stehende Kampagne „Klartext reden!" explizit nicht an Kinder und Jugendliche, sondern an deren Eltern und Erziehungsberechtigte. Daher ist es wichtig, diese Kampagne in einen entsprechenden Kontext einzuordnen und beispielhaft darzustellen, welche weiteren Maßnahmen, Aktionen und Kampagnen der Alkoholprävention bei Kindern und Jugendlichen bestehen, die sich ebenfalls explizit an die Zielgruppe Eltern/Erziehungsberechtigte wenden.

Hilfestellung und Unterstützung finden Eltern in ihrer Erziehungstätigkeit bis dato besonders über Broschüren verschiedenster Anbieter oder über Internetangebote zum Thema Alkohol und Jugendliche. Einmal mehr zu nennen sind hier die Bundeszentrale für gesundheitliche Aufklärung (BZgA), die Deutsche Hauptstelle für Suchtfragen (DHS) oder die Krankenkassen. Weitergehende Aktionen finden sich häufiger jedoch in regionalen Maßnahmen: Die Landeszentrale für Gesundheitsförderung in Rheinland-Pfalz führte beispielsweise sogenannte „FamTische" durch, Elternstammtische mit ausgebildeten Moderatoren zu verschiedenen Themen, so auch zur Suchtprävention (Landeszentrale für Gesundheitsförderung in Rheinland-Pfalz e.V. (LZG) 2007). In Schleswig-Holstein regt seit dem Jahr 2000 das „Alles klar-Debattierspiel“ die Familien an, auch generationsübergreifend über das Thema „Alkohol“ zu sprechen (BZgA 2001). In Hamburg stellen sich seit dem Jahr 2000 unter dem Motto „Schulen gegen Sucht“ anonyme Alkoholiker den Fragen von Eltern, Lehrern und Schülern (BZgA 2001). In kommunalen Aktionstagen in Nordrhein-Westfalen werden seit 1995 Eltern und andere Bezugspersonen auf ihre Vorbildfunktion bzgl. des Alkoholkonsums angesprochen, andere Aktionen richten sich gezielt an Multiplikatoren wie Lehrer oder Übungsleiter in Sportvereinen (BZgA 2001).

Präventive Maßnahmen zur Vermeidung von Alkoholmissbrauch und –abhängigkeit bei Kindern und Jugendlichen sollten zwei Ziele verfolgen: Sie sollten *die* Jugendlichen in ihrem Verhalten und ihren Einstellungen bestärken, die bereits maßvoll und vernünftig mit Alkohol umgehen und sie sollten andererseits auch *diejenigen* erreichen, die alkoholgefährdet sind bzw. deren Umgang mit Alkohol nicht als angemessen bezeichnet werden kann. Bei beiden Zielsetzungen spielen die Eltern als Sozialisationsagenten eine zentrale Rolle. Mehr noch, sie spielen nach allen vorliegenden wissenschaftlichen Erkenntnissen (vgl. Bergler et al. 2000) *die* zentrale Rolle. Daher ist es von grundlegender Bedeutung, Eltern und Erziehungsberechtigte bei der Wahrnehmung und erfolgreichen Bewältigung dieser Aufgabe zu unterstützen. Im folgenden sollen beispielhaft zwei Programme vorgestellt werden, die sich im Rahmen der Alkoholprävention bei Kindern und Jugendlichen explizit (auch) an die Eltern wenden. Allerdings fällt auf, dass es insgesamt weit weniger Maßnahmen und Programme mit der Zielgruppe Eltern gibt als angesichts der Bedeutung der Eltern in diesem Problemzusammenhang zu erwarten gewesen wäre. Insofern tun sich gerade hier noch weite Felder zusätzlich notwendiger Präventionsaktivitäten auf.

Beispielhaft werden folgende bestehende Programme vorgestellt:

- „Aktion Glasklar“, eine Aufklärungskampagne der Deutschen Angestellten-Krankenkasse (DAK). Die „Aktion Glasklar“ hat zwar einen primären Bezug zu Kindern und Jugendlichen, stellt aber zusätzliche Materialien für Unterricht und Eltern zur Verfügung und kann daher zumindest ansatzweise auch zu den Präventionsmaßnahmen gezählt werden, die sich (auch) an Eltern wenden.

- Die Kampagne „HaLT – Hart am Limit" (Villa Schöpflin – Zentrum für Suchtprävention 2007) kann nicht als reines Präventionsprojekt gewertet werden, da es sich an die Eltern/Erziehungsberechtigten derjenigen Kinder und Jugendlichen wendet, die bereits durch einen gefährlichen Alkoholkonsum aufgefallen und deswegen in die Notaufnahme eines Krankenhauses eingeliefert wurden oder anderweitig durch exzessives Alkoholkonsumverhalten in Erscheinung getreten sind. Der Präventionsaspekt von „HaLT" bezieht sich demnach auf die Vermeidung *weiterer* Alkoholexzesse. Ziel der klassischen Prävention ist es hingegen, problematische Verhaltensmuster von vornherein zu vermeiden und erst gar nicht entstehen zu lassen.

Die zu beiden Kampagnen genannten Einschränkungen verdeutlichen, dass das Projekt „Klartext reden!" offensichtlich eine bislang bestehende Lücke in der primären Prävention jugendlichen Fehlverhaltens im Umgang mit Alkohol unter Einbindung der Eltern/Erziehungsberechtigten füllt.

6.1 „Aktion Glasklar"

Die „Aktion Glasklar" der DAK ist ein Präventionsprogramm, das sich in erster Linie direkt an Kinder und Jugendliche wendet. Es wurde vom IFT-Nord, dem Institut für Therapie- und Gesundheitsforschung, in Zusammenarbeit mit dem Berufsverband der Kinder- und Jugendärzte exklusiv für die Deutsche Angestellten-Krankenkasse entwickelt (Deutsche Angestellten Krankenkasse (DAK) 2007).

Ausgewiesenes Ziel des Programms ist es, das Einstiegsalter für den Alkoholkonsum bei Kindern und Jugendlichen zu erhöhen sowie riskante Risikomuster im Konsumverhalten zu vermeiden. Gezielt werden deshalb Kinder und Jugendliche durch die „Aktion Glasklar" im Rahmen von Informationsveranstaltungen, Broschüren und Internetauftritten direkt angesprochen und über Risiken und Gefahren beim Alkholkonsum aufgeklärt. Jugendliche sollen sensibilisiert werden, einen vernünftigen Umgang mit Alkohol zu praktizieren. Dazu gibt es sowohl Materialien für Kinder ab zwölf

Jahren sowie weiterführende Informationen und Aktionen für Jugendliche ab 16 Jahren.

Alle Broschüren, Informationen und Aktionen stehen unter dem Motto „Glasklar: Durchblicken und Gewinnen". Als Bausteine des Präventionsprogramms „Aktion Glasklar" stehen zur Verfügung:

- das *Quiz „Für Mitmacher":* Dabei wird das Thema Alkohol aufbereitet in einem Quiz, bei dem sowohl einzelne Personen als auch Teams oder ganze Schulklassen, Jugendgruppen, Vereine etc. sich spielerisch mit dem Thema auseinandersetzen, dabei etwas lernen sowie durch das Einsenden des Ergebnisses die Chance auf Preise haben.

- die *Broschüre „Die Blaumacher":* Hier finden Jugendliche ab zwölf Jahren relevante Informationen und Aufklärung zu den Bereichen Alkohol und Wirkungen des Alkohols, Hintergründe der Alkoholwirtschaft, Alkohol und Gewalt etc. Auch hier wird neu erworbenes Wissen in Quizform abgefragt.

- die *Broschüre „Spaßmacher – Miesmacher?":* Diese Broschüre bereitet die Informationen rund um das Thema Alkohol für Jugendliche ab 16 Jahren auf. Zusätzlich zu den Informationen gibt es auch hier ein Quiz, außerdem Selbsttests im Hinblick auf den eigenen Alkoholkonsum sowie Tipps zum verantwortungsvollen Umgang mit Alkohol.

- die *Broschüre „Alkoholprävention"* – Vorschläge für Unterricht, Jugendarbeit und Arztpraxis: Die acht in dieser Broschüre ausgearbeiteten Themenblöcke eignen sich als Leitfaden für den Unterricht zum Thema Alkohol und Jugendliche, in Schulen, bei der Jugendarbeit oder in der Arztpraxis. In diesem Zusammenhang können sie auch für Eltern und Erziehungsberechtigte hilfreiche und zielführende Informationen bieten, um die Alkoholprävention bei Kindern und Jugendlichen zu fördern. Die acht thematischen Module können auch als Einzelbausteine verwendet werden. Das Material besteht aus Hintergrundinformationen sowie Arbeitsblättern und/oder Hausaufgaben für die Jugendlichen. In einem Ablaufplan findet der Gruppenleiter Hinweise zu Rollenspielen, zur Gesprächsführung etc.

- die *Broschüre „Alkohol – Reiz und Risiko"* – Informationen und Anregungen für Eltern: In diesem Leitfaden werden die Eltern aufgefordert, sich aktiv an der Alkoholprävention sowie der „Aktion Glasklar" zu beteiligen. Nachdem über die Materialien zur „Aktion Glasklar" den Kindern und Jugendlichen Fakten zum Thema Alkohol vermittelt wurden, geht es um die Frage, was Eltern tun können, wie sie mit ihren jugendlichen Kindern im Gespräch bleiben (mit Tipps zur Gesprächsführung) und wie sie generell als verantwortungsbewusster Erwachsener in der Gesellschaft auftreten können.

- Die „Aktion Glasklar" *CD-ROM* beinhaltet Hintergründe, Fakten und Studien zum Thema, eine Präsentation zur „Aktion Glasklar", außerdem Rezepte für alkoholfreie Drinks, Bildschirmschoner, Broschüren und Bestellformulare stehen hier als Daten für Multiplikatoren wie z. B. Lehrer, Erzieher, Jugendbetreuer oder Sozialpädagogen zur Verfügung.

- der begleitende *Internetauftritt*: Das komplette Präventionsprogramm wird im Internet der Öffentlichkeit zugänglich gemacht. Zusätzlich finden die jungen Internetnutzer hier online auch interaktive Tests mit direkter Rückmeldung eines Ergebnisses, ein Forum zur Selbstverpflichtung zum Nicht– und Wenigertrinken, ein Gästebuch, e-Cards zum Thema sowie Downloadmöglichkeiten.

Die „Aktion Glasklar" bietet demnach ein weitgefächertes Angebot (auch deshalb hat sie beim „Europäischen Präventionspreis 2006" den 2. Platz belegt), wendet sich jedoch in erster Linie präventiv direkt an die Kinder und Jugendliche. Auch bei der „Aktion Glasklar" werden die Wirkungen des Programms zur Zeit in einer breit angelegten Studie mit Schülern der 7. Klasse evaluiert, mit den Ergebnissen ist jedoch erst im Herbst diesen Jahres zu rechnen.

6.2 „HaLT – Hart am Limit"

Bei der Kampagne „HaLT – Hart am Limit" handelt es sich um eine Maßnahme, die sich an die Eltern von Kindern und Jugendlichen wendet, die wegen eines missbräuchlichen Alkoholkonsums oder einer Alkoholvergiftung in (not-) ärztliche medizinische Behandlung gekommen sind. Betroffene Kinder und Jugendliche sowie deren Eltern sollen nach einem solchen Vorfall durch einen Arzt bzw. entsprechend geschulte Experten unmittelbar angesprochen und aufgeklärt werden. Gleichzeitig soll ihnen direkte Hilfe angeboten werden. Diese Aufklärungs- und Beratungsgespräche sollen im Regelfall zeitnah nach der (not-) ärztlichen Behandlung stattfinden.

Das Pilotprojekt zum Bundesmodellprojekt von „HaLT“ entstand in Lörrach, konzipiert an der Villa Schöpflin, einem Zentrum für Suchtprävention (Villa Schöpflin – Zentrum für Suchtprävention 2007). Dort war man auf die Zunahme von Alkoholvergiftungen bei Kindern und Jugendlichen in den Kliniken Lörrach aufmerksam geworden und dieser Trend bestätigte sich auch in einer bundesweiten Erhebung (Prognos AG 2004). Die Villa Schöpflin erarbeitete deshalb ein Programm, welches sowohl Kinder und Jugendliche mit schädlichem Konsum erreichen als auch präventiv für einen verantwortungsbewussten Umgang mit Alkohol sorgen soll. Zu diesem Zweck sollen insbesondere die Eltern von Kindern und Jugendlichen, die wegen ihres Alkoholkonsums in (not-) ärztliche medizinische Behandlung gekommen sind angesprochen, auf die Problematik hingewiesen und mit möglichen Unterstützungsangeboten konfrontiert werden. Ziel ist es, die Kinder und Jugendlichen in geeignete Maßnahmen zur Auseinandersetzung mit dem konkreten Vorfall, aber auch mit ihrem Umgang mit Alkohol im allgemeinen zu bringen, um so speziell bei bereits gefährdeten (oder möglicherweise schon abhängigen) Kindern und Jugendlichen ein weiteres Fortschreiten der Problematik möglichst zu verhindern. Insofern stellt das Projekt „HaLT“ sowohl eine Maßnahme der universellen Prävention (es richtet sich zunächst einmal generell an die gesamte Bevölkerung) als auch der indikativen Prävention (es richtet sich speziell an einzelne, bereits auffällig gewordene Kinder/Jugendliche und deren Eltern) dar. In Zusammenarbeit mit Projektpartnern der Region (dazu gehört die Polizei genauso wie die Krankenhäuser der Region, Schulen und andere Multiplikatoren oder Veranstalter von regionalen Festivitäten) sorgten die Initiatoren für eine hohe Akzeptanz in sowie eine Sensibilisierung der gesamten Region. Neben einem zwölfstündigen Gruppenangebot für Jugendliche mit riskantem Konsum wurden proaktive Bausteine entwickelt. Dazu gehören z.B. präventive Aktionen bei Festveranstaltungen, Materialien zur Sensibilisierung und zur Übernahme von Verantwortung der Festveranstalter selbst sowie Handreichungen für Schulfeste und Klassenfahrten.

Auch bei „HaLT“ werden die Wirkungen überprüft: Die Firma Prognos AG evaluiert den Erfolg der Aktion. Erste Ergebnisse liegen vor und sollen in den nächsten Monaten veröffentlicht werden. Zum gegenwärtigen Zeitpunkt sind die detaillierten Evaluationsergebnisse zum Projekt „HaLT“ jedoch noch nicht zugänglich.

Inzwischen ist „HaLT“ eine bundesweite Initiative: Seit dem Sommer 2004 wird das Projekt gefördert durch das Bundesministerium für Gesundheit und Soziale Sicherung und dem jeweiligen Bundesland. Es wird in neun Bundesländern an insgesamt zwölf Standorten umgesetzt. Allerdings sind die regionalen Umsetzungen der Grundidee von „HaLT“ uneinheitlich. Sowohl der Inhalt als auch das Erscheinungsbild passen sich dem direkten Projektumfeld an, d.h. je nach Projektdurchführung werden individuelle Anpassungen der vorhandenen Materialien (wie z. B. die Verwendung des Logos des an der Kampagne teilnehmenden Krankenhauses) vorgenommen. In einem deutschlandweiten Workshop einigten sich die an der bundesweiten Initiative beteiligten Mitarbeiter auf ein generelles Konzept, sprachen über Erfahrungen und Probleme und tauschten sich aus über Optimierungsmöglichkeiten (Bundesministerium für Gesundheit und Soziale Sicherung 2005).

Einheitlich bleibt der Aufbau des Programms in zwei Bausteinen:

1. *der reaktive Baustein:* Hier werden Kinder und Jugendliche mit riskantem Alkoholkonsummuster (also Kinder und Jugendliche, die sich wegen ihres Alkoholkonsums in (not-) ärztlicher Behandlung befunden haben) in einem eineinhalbtägigen Gruppenangebot dazu angeregt, über die Motive und Hintergründe ihres Trinkverhaltens nachzudenken. Mit Hilfe erlebnispädagogischer Methoden wird außerdem an der Selbstwahrnehmung der Kinder und Jugendlichen gearbeitet. Bei Bedarf werden die Jugendlichen in weitergehende Hilfen im Sinne von ambulanter oder stationärer psychotherapeutischer Behandlung, sozialtherapeutischer Unterstützung u.a. übergeleitet. Die Ansätze liegen hier also auf individueller Ebene.

2. *der proaktive Baustein:* Der proaktive Baustein beinhaltet Ansätze auf kommunaler Ebene: Gearbeitet wird hier an der konsequenten Umsetzung des Jugendschutzes bei Veranstaltungen, im Handel etc. sowie an der Sensibilisierung von Eltern und Lehrkräften. Eine breit angelegte Öffentlichkeitsarbeit findet statt.

Beispielhaft soll die Umsetzung des „HaLT" in der Region Greifswald vorgestellt werden. Projektträger ist das Evangelische Krankenhaus Bethanien, ein Fachkrankenhaus für Psychiatrie, Psychosomatik und Psychotherapie. Dort ist „HaLT" Teil des klinischen Behandlungsangebotes. Im proaktiven Teil steht die Präventionsarbeit an Schulen im Vordergrund. Die eigens erstellten Informationsmaterialien sowie eine eigene Homepage runden das Projekt ab. Im Einzelnen bietet „HaLT" in Greifswald:

- *Einzelgespräche:* In persönlicher Beratung des Kindes bzw. Jugendlichen geht es um Alltagssorgen, Probleme im sozialen Umfeld, deren Lösung sowie in diesem Zusammenhang mögliche Unterstützungen. Zudem wird der Alkoholkonsum des teilnehmenden Kindes/Jugendlichen thematisiert.

- *Elternberatung:* Hierbei soll gemeinsam mit den Eltern durch gezielte Beratungsgespräche innerhalb der Familie für eine entspannte Atmosphäre und einen verständnisvollen Umgang gesorgt werden. Darüber hinaus wird das Thema „Umgang mit Alkohol" vertiefend besprochen.

- *Gruppengespräche:* In Gruppengesprächen mit Freunden und Bekannten geht es um Meinungen und Informationen rund um das Thema Alkohol.

- *Krisenhilfe*: Bei gefährlichen Konsummustern oder Einlieferungen ins Krankenhaus aufgrund einer Alkoholvergiftung besuchen die „HaLT" - Mitarbeiter die/den Jugendliche/n auch im Krankenhaus, helfen beratend bei der Lösung dieser Krisensituation und/oder vermitteln weitere Hilfe.

- *Präventionsveranstaltungen*: Im Rahmen öffentlicher oder auch schulischer Angebote werden Präventions- und Informationsveranstaltungen durchgeführt, um über den Alkohol zu informieren und das Projekt „HaLT“ vorzustellen. Diese Veranstaltungen richten sich in erster Linie an Lehrer und Eltern.

- *Internetauftritt*: Unter *www.hart-am-limit.info* finden Kinder und Jugendliche Informationen und Aufklärung, Angebote, Selbsttests, Links und Kontaktmöglichkeiten. Außerdem steht auch eine anonyme Online-Beratung zur Verfügung.

- *Materialien:* Flyer, Poster, Faltblätter und Armbänder mit dem „HaLT“-Logo sowie Informationen werden bei Informationsveranstaltungen und Gesprächen eingesetzt sowie in Krankenhäusern, Suchtberatungsstellen, Jugendämtern etc. ausgelegt.

Das Pilotprojekt zu „HaLT – Hart am Limit“ der Villa Schöpflin wurde aufgrund des innovativen Konzepts sowie des Vorbildcharakters mit dem Oskar-Kuhn-Preis 2005 ausgezeichnet. Dieser wird von der BLEIB GESUND STIFTUNG in jedem Jahr an herausragende Projekte auf dem Gebiet der Gesundheitskommunikation verliehen.

Ein bundesweites Aufklärungs- und Präventionsprogramm, das sich primär an die *Eltern* wendet, diese in ihrer Vorbildfunktion bestärkt sowie Unterstützung bei der Erziehung ihrer Kinder bietet und außerdem die Ergebnisse, Wirkungen und Effekte der ergriffenen Maßnahmen zusätzlich noch evaluiert, findet sich bundesweit in Deutschland bisher nicht. Daher war es folgerichtig und auch notwendig, die Zielgruppe der Eltern verstärkt zu berücksichtigen und eine entsprechende Kampagne zu konzipieren durchzuführen und auch in ihrer Wirkungsweise zu überprüfen. So entstand das Präventionsprogramm „Klartext reden!“.

7. Das Präventionsprogramm „Klartext reden!“

7.1 Ziel des Programms

Aufgrund der bisherigen Ausführungen lässt sich feststellen, dass ein zu früher und zu intensiver Alkoholkonsum bei Kindern und Jugendlichen mit erheblichen gesundheitlichen, aber auch Verhaltens-Risiken verbunden ist.

Wie bereits dargestellt, spielen gerade die Familien bei der Vermittlung eines angemessenen und maßvollen Umgangs mit Alkohol eine wichtige Rolle, denn häufig findet nicht nur der erste Alkoholkonsum innerhalb der Familie statt, Kinder und Jugendliche betrachten auch im Umgang mit Alkohol ihre Eltern als direkte Vorbilder.

Das Programm „Klartext reden!“ spricht deshalb primär Eltern und Erziehungsberechtigte an. Ziel bei der Konzeption des Programms „Klartext reden!“ war die Entwicklung und Verbreitung eines ansprechenden Konzepts, das Eltern und Erziehungsberechtigten ihre wichtige Rolle bei der Entstehung von Alkoholkonsummustern bei ihren Kindern verdeutlicht und sie bei der Wahrnehmung dieser Rolle unterstützt. Eltern und Erziehungsberechtigten soll dabei ihre Vorbildfunktion deutlich werden, sie sollen darin bekräftigt und unterstützt werden, ihre Verantwortung auch zu übernehmen und vorzuleben, damit Kinder und Jugendliche einen maßvollen Umgang mit alkoholhaltigen Getränken lernen können.„Klartext reden!“ will also für das Thema sensibilisieren und die Eltern und Erziehungsberechtigten mit Informationen, Tipps und Ratschlägen unterstützen. Speziell im Hinblick auf die Fragen, wie man mit seinen Kindern über das Thema Alkohol ins Gespräch kommen kann, welche Regeln und Grenzen man als Eltern in diesem Zusammenhang setzen und einhalten sollte und welche Konsequenzen sinnvoll und zielführend sind, wenn Grenzen überschritten und gegen Regeln verstoßen wird, aber auch, wenn Grenzen eingehalten und Regeln beachtet werden, soll „Klartext reden!“ den Eltern Antworten geben. Die Präventionsmaßnahme verfolgt also eindeutig das Ziel, den Dialog zwischen Eltern und ihren Kindern anzustoßen und diesen zu fördern.

Die Begleitmaterialien zu „Klartext reden!“ wurden von einem Expertengremium aus dem Bereich der Suchtforschung, Suchtprävention und Suchttherapie entwickelt. Materialien zur Maßnahme sind bei den Projektverantwortlichen erhältlich (Anschriften vgl. S. 148).

7.2 Kooperationspartner und Verantwortlichkeiten

An der Entwicklung des Elternprogramms „Klartext reden!“ sind verschiedene Partner beteiligt. Um möglichst viele Eltern und Erziehungsberechtigte erreichen zu können, braucht eine Maßnahme wie „Klartext reden!“ Partner, die Kontakte mit den Eltern und Erziehungsberechtigten knüpfen können. Aus diesem Grund wurde der BundesElternRat, die Vertretung aller im Bereich der Eltern-/Schulpflegschaft engagierten Eltern als Kooperationspartner gewonnen. Der BundesElternRat wirkte sowohl an der inhaltlichen Gestaltung der Maßnahme als auch bei der konkreten Umsetzung von Aktivitäten vor Ort mit. Vertreter von Landeselternräten oder auf kommunaler Ebene halfen mit bei der Vermittlung von Schulen, in denen Elternworkshops stattfanden, aber auch bei der Bekanntmachung des Programms vor Ort.

Durch die Zusammenarbeit mit dem Bundesverband der Deutschen Spirituosen-Industrie und -Importeure e.V. wurde die Finanzierung des Projektes und damit die Entwicklung des Programms, die Erstellung des Materials, sowie die erfolgreiche Durchführung der Workshops vor Ort sichergestellt.

Die bundesweite organisatorische Umsetzung, die das Projekt begleitende Öffentlichkeitsarbeit sowie die formale Gestaltung der Materialien übernahm die Kommunikationsagentur Kessler/Mainz.

Für die fachliche Beratung, die inhaltliche Aufbereitung sowie als Referenten wurden im Bereich der Alkoholprävention und -intervention erfahrene und renommierte Psychologen sowie Mediziner gewonnen, um ein Höchstmaß an didaktischer und inhaltlicher Qualität der Kampagne gewährleisten zu können.

7.3 Inhalt, Ablauf, Bestandteile der Kampagne „Klartext reden!"

Das Elternprogramm „Klartext reden!" vermittelt seine Informationen und verfolgt seine Zielsetzungen über verschiedene Medien. Neben persönlichen Informationen, die im Rahmen von sogenannten Elternworkshops vermittelt werden, werden ebenfalls Broschüren sowie ein Internetauftritt als Informationskanäle genutzt. So soll gewährleistet werden, dass von der im Mittelpunkt des Konzeptes stehenden Zielgruppe (Eltern und Erziehungsberechtigte) eine möglichst große Zahl an Personen erreicht und auf vielfältigste Art und Weise für das Thema sensibilisiert wird und sich angesprochen fühlt.

Die einzelnen Bausteine des Programms sind:

- eine *Broschüre* für Eltern und Erziehungsberechtigte mit Zahlen und Fakten zum Thema Alkohol und Jugendschutz, einem Gesprächsleitfaden mit Tipps und Regeln zum Gespräch mit den Kindern, einer Checkliste zur Erkennung von missbräuchlichem oder problematischem Alkoholkonsum bei Kindern und Jugendlichen sowie Kontaktadressen für professionellen Rat. Diese Kontaktadressen mussten in einer zweiten Auflage der Broschüre auf Wunsch der DHS sowie der Bundeszentrale für gesundheitliche Aufklärung entfernt werden, da sich die genannten Institutionen nicht im Zusammenhang mit einer industriefinanzierten Präventionsmaßnahme als Auskunfts- und Unterstützungseinrichtungen für Betroffene bzw. interessierte Jugendliche oder Eltern zur Verfügung stellen wollten. Diese Entscheidung war überraschend, denn zum einen wurde zu keiner Zeit von den genannten Stellen inhaltliche Kritik an dem Konzept geübt, und zum anderen war nicht nachzuvollziehen, warum öffentlich geförderte Institutionen eine Bekanntmachung ihres Angebots sowie ihrer Leistungen vermeiden wollten. Zudem stieß diese Entscheidung bei den an den Workshops teilnehmenden Eltern, die teilweise nach weiterführenden Unterstützungs- und Hilfsangeboten fragten und an dieser Stelle nur allgemein informiert werden konnten, auf Unverständnis. Dennoch wurde der Wunsch der DHS und der BZgA berücksichtigt.

- ein begleitender *Internet-Auftritt* (www.klartext-reden.de), der sowohl Informationen zu den Workshops vorhält als auch den Inhalten der Broschüre entsprechende Informationen anbietet, der aber interessierten Eltern auch die Möglichkeit eröffnet, per Online-Formular bei einem Experten-Team konkreten Rat zum Thema „Alkohol bei Kindern und Jugendlichen“ einzuholen. Eine Auswahl der eingehenden Fragen und deren Beantwortung wird in regelmäßigen Abständen in anonymisierter Form auf der Homepage veröffentlicht, um auch so anderen interessierten Personen Informationen, Anregungen und Hilfestellungen zu vermitteln.

- *Eltern-Workshops.* Diese stellen das Kernstück der Maßnahme dar und zielen darauf ab, in Veranstaltungen vor Ort interessierten Eltern durch fachkompetente, psychologisch geschulte Referenten umfassende Informationen rund um das Thema Alkoholkonsum bei Kindern und Jugendlichen zu vermitteln, vor allem aber auch Diskussion und Erfahrungsaustausch zwischen den Eltern anzuregen sowie über praktische Anregungen, Tipps und Hilfestellungen die Kompetenzen der Eltern im kommunikativen und pädagogischen Umgang mit der Thematik zu verbessern (zum Einladungsprozedere siehe S. 83). Im folgenden werden Ablauf und Inhalte, spezifische Zielsetzungen und Interaktionsmuster eines solchen „Klartext reden!"-Workshops beispielhaft dargestellt (Tabelle 3-A):

Tabelle 3–A: Beispielhafter Ablauf eines „Klartext reden!"-Workshops

Zeit/Dauer	Inhalt	Zielsetzung	Beteiligte
5 Minuten	Begrüßung, Vorstellung des Referenten sowie der Workshopinhalte	Begrüßung der Teilnehmer, Einführung	Referent*
10 Minuten	Frage ans Plenum: „Wissen Sie, ob, wann, wie häufig, wie viel, mit wem und warum Ihre Tochter/Ihr Sohn alkoholische Getränke konsumiert?"	Thematische Einleitung, Feststellen des Status quo, erster Austausch und Diskussion	alle Anwesenden*
10 Minuten	Informationen rund um das Thema Alkohol: Fakten zu alkoholgehaltigen Getränken, wie und was Alkohol bewirkt	Aufklärung und Information, Aufzeigen von Argumenten für das spätere Gespräch mit den Kindern	Präsentation durch den Referenten, weitere Diskussion aller Teilnehmer*
10 Minuten	Verantwortung im Jugendschutz: Das Jugendschutzgesetz, Verantwortliche dafür und die wichtige Rolle der Eltern	Gesetzeslage und Verantwortlichkeiten verdeutlichen	Präsentation durch den Referenten, Diskussion aller Beteiligten*
10 Minuten	Das Thema Alkohol in der Erziehung: Das „magische Dreieck" und die autoritative Erziehung	Geeignete Erziehungsstile und –methoden im Bereich der Prävention sowie deren Wirkung vermitteln	Einleitende Präsentation durch den Referenten*

Fortsetzung Tabelle 3–A: Beispielhafter Ablauf eines „Klartext reden!"-Workshops

Zeit/Dauer	Inhalt	Zielsetzung	Beteiligte
15 Minuten	Mit Kindern und Jugendlichen ins Gespräch kommen und bleiben	Umsetzung der Erziehungsmethoden im Gespräch mit den Kindern; wie, wann, wo und mit welchen Argumenten?	Gemeinsames Erarbeiten des Gesprächsleitfadens durch die Teilnehmer, Referent greift stützend ein*
10 Minuten	Der problematische Konsum: Vorbeugung, Erkennen, sich helfen lassen	Hilfestellung für Prävention und Intervention eines problematischen Konsums bei Kindern/Jugendlichen	Präsentation durch den Referenten*
5 Minuten	Evaluation, Give-away, Verabschiedung	Abschluss des Workshops, Verschenken des Give-away als Erinnerung an den Workshop und evtl. Aufhänger für Gespräche im Kreis der Familie	Referent*

* Zu jedem Zeitpunkt gibt es für die Teilnehmer die Möglichkeit, persönliche Fragen zu stellen, regionale Gegebenheiten anzusprechen sowie sich aktiv und kritisch in die Diskussion einzubringen.

Zur Überprüfung der Wirkungen und Konsequenzen des Programms „Klartext reden!" wurde mit der Konzeption des Projektes auch eine Evaluation der gesamten Maßnahme eingeplant. Gerade dieser Baustein hat im Gesamtkonzept des Projekts große Bedeutung, da nur so festgestellt werden kann, ob und in welchem Ausmaß „Klartext reden!" die intendierten Ziele tatsächlich erreicht. Darüber hinaus ist durch die Evaluation eine Optimierung des Konzeptes möglich. Dies ist umso bedeutsamer als dass „Klartext reden!" eine nachhaltige Maßnahme ist, die auch nach Durchlaufen der Pilotphase weiterhin fortgeführt werden wird. Nach Abschluss der Pilotphase (im Juni 2006) sind inzwischen über 30 weitere Elternworkshops durchgeführt worden. Alleine dies belegt, dass „Klartext reden!" auch aktuell ein wichtiges und auf breites Interesse stoßendes Angebot im Bereich der Alkoholprävention darstellt.

Die im Rahmen der Evaluation zu „Klartext reden!“ berücksichtigten Workshops – insgesamt 17 Stück - fanden im Zeitraum Januar bis Juni 2006 in 15 Orten und in acht Bundesländern statt. Im einzelnen handelt es sich um Veranstaltungen in Berne, Großheide, Wiesmoor und Aurich (Niedersachsen), in Moorhusen (Schleswig-Holstein), in Brühl (Nordrhein Westfalen), in Frankfurt (Hessen), in Merzig (Saarland), in Breitenberg und Hof (Bayern), in Gammertingen und Isny (Baden-Württemberg) sowie in Dessau, Stendal und Bitterfeld (Sachsen-Anhalt). Als Veranstaltungsorte dienten Gymnasien, Kooperative Gesamtschulen, Realschulen, Hauptschulen sowie eine Förderschule für Lernbehinderte. Ein weiterer in der Evaluation berücksichtigter Elternworkshop fand in einer Polizeidirektion statt.

Zuvor war in drei Musterworkshops das Grundkonzept sowie die generelle didaktische Struktur der Elternworkshops auf ihre Brauchbarkeit hin überprüft und zu einer endgültigen Anwendungsform geführt worden. Nachfolgend werden die Ergebnisse und Schlussfolgerungen der auf zwei unterschiedlichen Befragungen beruhenden Erkenntnisse aus der Evaluation der Elternworkshops zur Maßnahme „Klartext reden!“ dargestellt. Diese dokumentieren nicht nur eindrucksvoll, dass die Workshops die gesetzten Ziele erreichen, sie machen auch deutlich, dass es sich bei „Klartext reden!“ um ein von den Workshopteilnehmern als hochgradig hilfreiches und tatsächlich auch Verhalten evozierendes und modifizierendes Instrument handelt.

8. Evaluation zu „Klartext reden!“

Die Evaluation von Maßnahmen im Präventionsbereich ist zu *dem* zentralen und angesichts beschränkter Budgets auch relevanten Thema geworden. Von Beginn an war „Klartext reden!“ so angelegt, dass mit Hilfe geeigneter Instrumente und Vorgehensweisen Aussagen zu den Auswirkungen und Konsequenzen, aber auch zur Wirksamkeit der Maßnahme gemacht werden können. Dabei sollten nicht nur rein quantitative Daten wie zum Beispiel die

Besucherfrequenz auf der Website zu „Klartext reden!“, die Anzahl der abgeforderten Begleitmaterialien oder die Resonanz auf die Maßnahme in den Medien berücksichtigt werden, sondern es sollten insbesondere die Eltern und Erziehungsberechtigten, sprich also vor allem die Besucherinnen und Besucher der Workshops, nach ihren Einschätzungen und Erfahrungen befragt werden. Auf die Ergebnisse dieser Befragungen der Workshopbesucher wird im folgenden ausführlich eingegangen.

Die Evaluation des Konzepts „Klartext reden!“ wurde in Zusammenarbeit mit dem Psychologischen Institut der Universität Bonn vorbereitet und durchgeführt. Die Erhebung und Auswertung der Daten geschah in Zusammenarbeit mit dem Zentrum für Evaluation und Methoden (ZEM) der Universität Bonn. Bei der Konzeption, Durchführung und Auswertung der Evaluation wurden die „Standards für Evaluation“ der Deutschen Gesellschaft für Evaluation (DeGEval 2002) zum Maßstab genommen und auch eingehalten. Somit weist die vorliegende Evaluation von „Klartext reden!“ die geforderten vier grundlegenden Eigenschaften Nützlichkeit, Durchführbarkeit, Fairness und Genauigkeit auf.

Die durchgeführten Evaluationsmaßnahmen zielten sowohl auf die Überprüfung der kurz- als auch der mittelfristigen Wirkungen und Effekte der Maßnahme ab. Es ging also nicht nur darum, die Einschätzungen der Workshopteilnehmer unmittelbar nach dem Besuch der Veranstaltung zu erfassen, sondern auch die in den ersten sechs bis acht Wochen nach dem Workshop gemachten Erfahrungen zu eruieren. Auf der Grundlage der Ergebnisse der Evaluation lassen sich Stärken und eventuell notwendige Optimierungen für die zukünftige Anwendung des Konzepts herausarbeiten. Für die Erhebung der Eindrücke und Erfahrungen der Workshopteilnehmer wurden zwei unterschiedliche Instrumentarien gewählt: Zum einen ein Fragebogen, den die Workshopteilnehmerinnen und -teilnehmer unmittelbar im Anschluss an die Veranstaltung ausfüllen und auf dem sie auch ihre Bereitschaft zur Teilnahme an einer Nachbefragung ca. 6-8 Wochen nach dem Workshopbesuch erklären konnten. Diese Nachbefragung fand – je nach Wunsch des Workshopteilnehmers – entweder als telefonische Befragung oder als Online-Befragung statt. Die Nachbefragungen wurden koordiniert, durchgeführt und ausgewertet vom Zentrum für Evaluation und Methoden der Universität Bonn (ZEM).

Im folgenden werden auf der Grundlage statistischer Auswertungen und Analysen die Erkenntnisse der Evaluation dokumentiert, interpretiert und in zukünftig notwendige und zielführende Handlungsweisen überführt. Der Anspruch der Evaluation ist damit nicht nur eine Dokumentation der bisherigen Wirkungen und Wirksamkeiten von „Klartext reden!“, sondern auch die Optimierung des aktuellen Vorgehens, wenn nötig.

8.1 Art und Durchführung der Evaluation

An den 17 im Rahmen der vorliegenden Evaluation berücksichtigten „Klartext reden!“ Workshops, die von Januar bis Juni 2006 deutschlandweit durchgeführt wurden, nahmen insgesamt n=273 Personen teil. Direkt im Anschluss an die Workshops wurde mittels Fragebogen eine erste Befragung durchgeführt. An dieser beteiligten sich über 87 Prozent der Workshopbesucher, so dass für die Direktbefragung auf die Angaben von n=238 Personen zurückgegriffen werden kann. Zudem konnten die Befragten im Fragebogen auch angeben, ob sie an einer Nachbefragung zum Programm „Klartext reden!“ (ca. 6-8 Wochen nach dem Workshopbesuch) teilnehmen möchten. N=148 Personen (62,1%) erklärten sich hierzu bereit. Schließlich konnten davon n=110 Personen (74,3%) im Rahmen der Nachbefragung auch tatsächlich erreicht werden.

8.2 Ergebnisse der Direktbefragung im Anschluss an den Workshop

Im Folgenden werden die Ergebnisse der ersten Befragung direkt im Anschluss an den Workshop dargestellt.

8.2.1 Erwartungsentsprechung

Die Besucher des Elternworkshops wurden nach ihrer Teilnahme befragt, inwieweit der Workshop ihren Erwartungen entsprochen hat.

Tabelle 1-DB: Erwartungsentsprechung nach Workshopteilnahme (N= 238)

Entsprach der Workshop Ihren Erwartungen? Er hat meine(n) Erwartungen...	Häufigkeit	Prozentangaben
übertroffen	36	15,1%
entsprochen	178	74,8%
teilweise entsprochen	23	9,7%
nicht entsprochen	1	0,4%

Tabelle 1-DB zeigt folgendes Ergebnis: Die Workshops übertreffen die Erwartungen von 15,1 Prozent der anwesenden Eltern. 74,8 Prozent der Besucher geben an, dass der Workshop den Erwartungen entsprochen hat. Für 9,7 Prozent der Teilnehmer hat der Workshop den Erwartungen zumindest teilweise entsprochen. Und lediglich ein Teilnehmer gab an, dass der Workshop seinen Erwartungen nicht entsprochen hat.

Insgesamt lässt sich sagen, dass die „Klartext reden!“ Workshops die Erwartungen von nahezu 90 Prozent der Teilnehmerinnen und Teilnehmer erfüllen oder sogar übertreffen. Und auch wenn man nicht ohne weiteres etwas dazu sagen kann, ob die Workshopbesucher mit hohen oder niedrigen Erwartungen an die Veranstaltung zum Workshop gekommen sind, so lässt sich dennoch konstatieren, dass der Workshop den Eltern und Erziehungsberechtigten in hohem Maße das bietet, was sie von einer solchen Veranstaltung erwarten.

In einer offenen Frage wurden die Teilnehmer gebeten, auch die Gründe für ihre Einschätzung offen zu legen. Hier zeigte sich in den Antworten, dass nicht nur die gute sachliche Information zum Thema, die zu einigen Aha-Erlebnissen auch bei vermeintlich gut informierten Eltern führte, sondern gerade auch der offene Austausch und die Diskussion mit anderen Eltern als überaus positiv empfunden wurde. Die Möglichkeit, auch einmal persönlichere oder nur die regionalen Begebenheiten betreffende Fragen zu stellen, erhöhte den Wert der Veranstaltung für die Eltern ungemein. Des weiteren wurden die vielen praktischen Tipps im erzieherischen Umgang mit den Jugendlichen als wertvoll und anregend beschrieben. „Ich habe gemerkt bzw. verstanden, dass man mehr Einfluss nehmen kann, als man vielleicht denkt." (eine Kursteilnehmerin)

8.2.2 Praktische Verwendbarkeit der Workshopinhalte

Im Rahmen von Präventionsmaßnahmen, die auf die Verstärkung erwünschten Verhaltens bzw. auf die Modifikation unerwünschten Verhaltens abzielen, kommt der Frage der praktischen Verwertbarkeit und Anwendbarkeit von vermittelten Inhalten große Bedeutung zu. Die Eltern und Erziehungsberechtigten wurden deshalb danach gefragt, inwieweit sie glauben, die gewonnenen Tipps und Anregungen aus dem Workshop auch verwenden zu können.

Tabelle 2-DB: Praktische Verwendbarkeit der Workshopinhalte (N= 238)

Was glauben Sie, wie Sie die Tipps und Anregungen des Workshops verwenden können? Verwenden können werde ich davon...	Häufigkeit	Prozentangaben
das Meiste	101	42,4%
einiges	127	53,4%
wenig	10	4,2%
nichts	0	0%

Fast 96 Prozent der Befragten geben an, dass sie die meisten oder zumindest einige der Tipps und Anregungen des Workshops auch werden persönlich nutzen können (Tabelle 2-DB). Dies spricht für eine hohe Praxisrelevanz und auch eine hohe Praktikabilität der Workshopinhalte. „Klartext reden!" hat das Ziel, nicht nur zu informieren, sondern auch zum konkreten Handeln zu animieren. Angesichts der hohen Praktikabilitätswerte kann davon ausgegangen werden, dass die vermittelten Inhalte einen hohen Anwendungsbezug haben und Eltern dazu anregen können, erfahrene Inhalte und erworbene Kompetenzen auch in konkretes Handeln umzusetzen.

Ein Großteil der Befragten geht also von einer guten Anwendbarkeit der vermittelten Inhalte in der Praxis aus. Auch hier wurde in einer offenen Frage erhoben, warum die Teilnehmer dieser Ansicht sind. Die Anregungen, Tipps, Ratschläge und auch genannte Problemlösemöglichkeiten für das Gespräch mit den Jugendlichen wurden als praxisnah beschrieben und bieten nach Einschätzung der Teilnehmer ein gutes Rüstzeug für die Eltern. Die vielfältigen Informationen zum Thema Alkohol liefern den Eltern überzeugende Argumente, im Dialog mit ihren Kindern ihren Standpunkt auch zu vertreten. Außerdem „ist die Verantwortung der Eltern bewusster geworden“ (eine Kursteilnehmerin). Aber nicht nur innerhalb der Familie werden die Inhalte der „Klartext reden!“-Workshops genutzt – am Workshop teilnehmende Lehrer gaben an, das neu erworbene Wissen beispielsweise auch im Unterricht nutzen zu wollen und auch an Kollegen in Schulen und Jugendeinrichtungen weiterzugeben.

8.2.3 Zufriedenheit mit verschiedenen Aspekten des Workshops

Die Workshopbesucher wurden nach ihrer Zufriedenheit mit verschiedenen Aspekten der besuchten Veranstaltung gefragt. Hier bot sich die Möglichkeit, differenziert organisatorische wie auch inhaltliche Gesichtspunkte des Workshops auf einer vierstufigen Skala, die von „sehr zufrieden“ bis „sehr unzufrieden“ reichte, zu beurteilen. Im einzelnen wurde nach der Zufriedenheit mit folgenden Aspekten gefragt:

- Vorabinformationen zur Veranstaltung (Einladung)

Tabelle 3-DB: Zufriedenheit mit der Vorabinformation zur Veranstaltung (N= 238)

Wie zufrieden sind Sie mit den nachfolgenden Aspekten der Veranstaltung? - Vorabinformationen zur Veranstaltung (Einladung)	Häufigkeit	Prozentangaben
sehr zufrieden	88	37,1%
eher zufrieden	96	40,3%

Fortsetzung Tabelle 3-DB: Zufriedenheit mit der Vorabinformation zur Veranstaltung (N= 238)

Wie zufrieden sind Sie mit den nachfolgenden Aspekten der Veranstaltung? - Vorabinformationen zur Veranstaltung (Einladung)	Häufigkeit	Prozentangaben
eher unzufrieden	32	13,4%
sehr unzufrieden	3	1,3%
weiß ich nicht	7	2,9%
keine Angaben	12	5%

Die Verteilung der Informationen und die Einladung zu den Workshops wurden von einem Vertreter in den jeweiligen Schulen vor Ort, in denen der „Klartext reden!“-Workshop stattfand, übernommen. Dies konnten sowohl der Schulleiter selber, ein Lehrer oder aber auch ein Elternvertreter sein. Hierfür konnte auf eine zur Verfügung gestellte Standardeinladung zurückgegriffen werden, es war aber auch möglich, einen eigenen Einladungstext zu verfassen. Parallel wurde, soweit möglich, auf die Veranstaltung in der lokalen Presse hingewiesen. Es war nicht immer zu vermeiden, dass die Vorabinformationen sowie die Einladungen zum Workshop zu spät oder nicht umfassend genug gestreut wurden. Im Laufe der Workshopdurchführungen wurde daher seitens der die Maßnahme betreuenden Kommunikationsagentur zusätzlich noch eine Checkliste für die einladenden Personen sowie eine telefonische Nachfrage vor Ort geboten, um diese organisatorischen Mängel möglichst auszuschalten.

Insgesamt sind aber über drei Viertel der befragten Workshopteilnehmer mit den Vorabinformationen zur Veranstaltung sehr bzw. eher zufrieden (Tabelle 3-DB).

Einige der Gründe für die Unzufriedenheit mit den Vorabinformationen bzw. den Einladungen wurden von den Eltern durch Angabe von Verbesserungsvorschlägen offengelegt: Demnach sollten die Einladungen inhaltlich optimiert, aber besonders die Streuung der Einladungen unter den vermeintlich interessierten Eltern verbessert werden. Durch entsprechende

Anpassungen ist inzwischen eine Optimierung der Einladungen selbst sowie auch des Einladungsprozederes erreicht worden.

- Räumlichkeiten

Tabelle 4-DB: Zufriedenheit mit den Räumlichkeiten des Workshops (N= 238)		
Wie zufrieden sind Sie mit den nachfolgenden Aspekten der Veranstaltung? - Räumlichkeiten	Häufigkeit	Prozentangaben
sehr zufrieden	120	50,5%
eher zufrieden	106	44,5%
eher unzufrieden	7	2,9%
sehr unzufrieden	0	0%
weiß ich nicht	0	0%
keine Angaben	5	2,1%

Da die Workshops in der Regel in Schulen stattfanden, erfolgte in den allermeisten Fällen die Durchführung der Workshops in einem Klassenraum. Vereinzelt wurde auch ein separater Besprechungsraum oder die Aula für den Workshop genutzt. Wenn die Workshopteilnehmer also nach ihrer Zufriedenheit mit den Räumlichkeiten gefragt wurden, in denen der Workshop stattfand, bewerteten sie auch den entsprechenden Zustand in der Schule generell.

Insgesamt zeigt sich eine hohe Zufriedenheit der Workshopteilnehmer mit den Räumlichkeiten, in denen der Workshop stattfand, denn 95 Prozent der Workshopteilnehmer äußerten sich diesbezüglich sehr oder zumindest eher zufrieden (Tabelle 4-DB).

- Referent/in:

Die Akzeptanz und die Wirksamkeit von Präventionsveranstaltungen ist in hohem Maße von der Qualität und den Fähigkeiten des Referenten/der Referentin in solchen Veranstaltungen abhängig. Nur durch einen interessanten und abwechslungsreichen Moderationsstil ist es möglich, dass Interesse und die Teilnahmebereitschaft der Besucher eines Workshops, zumal noch in den Abendstunden nach einem für viele Besucher langen Arbeitstag, aufrecht zu halten. Insofern kommt der Zufriedenheit mit dem Referenten/der Referentin eine Schlüsselfunktion zu. Die Ergebnisse der Direktbefragung (Tabelle 5-DB) zeigen unter diesem kritischen Aspekt eine hohe Zufriedenheit der Workshopbesucher.

Tabelle 5-DB: Zufriedenheit mit dem Referenten/der Referentin des Workshops (N= 238)

Wie zufrieden sind Sie mit den nachfolgenden Aspekten der Veranstaltung? - Referent/in	Häufigkeit	Prozentangaben
sehr zufrieden	199	83,7%
eher zufrieden	32	13,4%
eher unzufrieden	1	0,4%
sehr unzufrieden	0	0%
weiß ich nicht	1	0,4%
keine Angaben	5	2,1%

Grundsätzlich waren 97 Prozent der Workshopbesucher mit den zur Moderation eingesetzten Referenten oder Referentinnen sehr oder eher zufrieden. Dies ist eine zentrale Voraussetzung, um die im Workshop vermittelten Inhalte und Tipps auch wirklich an den Vater bzw. die Mutter zu bringen. Ein als unsympathisch eingeschätzter Referent oder eine inkompetent wirkende Referentin wird den nachhaltigen Erfolg einer Präventionsmaßnahme wie „Klartext reden!" in Frage stellen. Daher ist es wichtig, bei der Konzeption und Durchführung solcher Maßnahmen insbesondere auf die fachlichen, aber auch und gerade auch auf die sozialen Kompetenzen der eingesetzten Referenten/Referentinnen zu achten.

- Begleitmaterialien (PowerPointPräsentation, Broschüre etc.)

Im Rahmen des Workshops wurden neben einer PowerPointPräsentation mit Folien zu zentralen Inhalten und Fragestellungen (vgl. auch Tabelle 3-A zum „Musterablauf" des Workshops) auch die „Klartext reden!"-Broschüre, verschiedene Flaschen und Gläser zur Illustration und andere Materialien eingesetzt. Tabelle 6-DB gibt die Zufriedenheitswerte der Workshopteilnehmer mit diesen Begleitmaterialien wieder.

Tabelle 6-DB: Zufriedenheit mit den Begleitmaterialien zum Workshop (N= 238)

Wie zufrieden sind Sie mit den nachfolgenden Aspekten der Veranstaltung? - Begleitmaterialien (PowerPointPräsentation, Broschüre etc.)	Häufigkeit	Prozentangaben
sehr zufrieden	125	52,5%
eher zufrieden	85	35,7%
eher unzufrieden	5	2,1%
sehr unzufrieden	0	0%
weiß ich nicht	5	2,1%
keine Angaben	18	7,6%

Auch hier zeigt sich, dass „Klartext reden!" in der Direktbefragung hohe Zufriedenheitswerte erzielt. Fast 89 Prozent der Workshopteilnehmer sind mit den Begleitmaterialien der Maßnahme sehr oder zumindest eher zufrieden.

- Dauer der Veranstaltung

Die Workshopteilnehmer wurden auch nach ihrer Zufriedenheit mit der Dauer der Veranstaltung gefragt (Tabelle 7-DB).

Tabelle 7-DB: Zufriedenheit mit der Dauer der Veranstaltung (N= 238)

Wie zufrieden sind Sie mit den nachfolgenden Aspekten der Veranstaltung? - Dauer der Veranstaltung	Häufigkeit	Prozentangaben
sehr zufrieden	120	50,4%
eher zufrieden	105	44,2%
eher unzufrieden	6	2,5%
sehr unzufrieden	0	0%
weiß ich nicht	0	0%
keine Angaben	7	2,9%

Insgesamt äußern sich über 94 Prozent der befragten Workshopteilnehmer sehr oder zumindest eher zufrieden mit der Dauer der Veranstaltung.

Wenn man bedenkt, dass ein Workshop der Kampagne „Klartext reden!“ im Durchschnitt ca. zwei Zeitstunden dauerte, und dies in den Abendstunden, dann zeigt die (dennoch) gegebene hohe Zufriedenheit der Workshopteilnehmer mit der Veranstaltungsdauer, dass der Workshop als interessant wahrgenommen wurde. Dafür sprechen auch einzelne persönliche Rückmeldungen der Workshopbesucher, denen „die Zeit wie im Fluge vergangen war“ oder die es „trotz der späten Abendstunden nie langweilig“ fanden.

- Größe der Gruppe

Im Rahmen eines auf Interaktion und Kommunikation ausgelegten Workshopansatzes ist es immer wichtig zu berücksichtigen, wie groß die Gruppe der Teilnehmerinnen und Teilnehmer ist. Ist die Gruppe zu groß, ist eine gemeinsame Diskussion über alle Besucher hinweg eher unwahrscheinlicher. Angesichts einer durchschnittlichen Teilnehmerzahl von ca. 17 Personen pro Workshop lässt sich annehmen, dass die Gruppengröße für den gewählten Workshopansatz nahezu ideal ist. Dennoch äußern sich auffallend viele Workshopteilnehmerinnen und -teilnehmer unzufrieden über die Gruppengröße (Tabelle 8-DB).

Tabelle 8-DB: Zufriedenheit mit der Gruppengröße (N= 238)

Wie zufrieden sind Sie mit den nachfolgenden Aspekten der Veranstaltung? - Größe der Gruppe	Häufigkeit	Prozentangaben
sehr zufrieden	100	42,1%
eher zufrieden	64	26,9%
eher unzufrieden	42	17,6%
sehr unzufrieden	27	11,3%
weiß ich nicht	1	0,4%
keine Angaben	4	1,7%

29 Prozent der teilnehmenden Eltern äußerten sich demnach der Gruppengröße gegenüber eher bzw. sehr unzufrieden. Berücksichtigt man die Äußerungen der Workshopteilnehmer hinsichtlich der Frage, was sich an den Workshops verbessern lässt (vgl. S. 140), so beklagen viele Workshopbesucher das fehlende Interesse anderer Eltern. Zahlreiche Workshopteilnehmer hätten sich also eine größere Gruppe und damit auch ein größeres Interesse an der Thematik gewünscht als dies aktuell der Fall war. Das aus Elternsicht beklagenswert geringe Interesse wurde von den Workshopbesuchern in der Regel aber nicht der „Klartext reden!“-Maßnahme selbst angelastet, sondern eher den offensichtlich desinteressierten weil nicht erschienenen Eltern, teilweise aber auch der veranstaltenden Schule, wenn auf die Veranstaltung zu spät oder nicht in ausreichendem Maße hinge-

wiesen wurde oder wenn der Termin für den Workshop unglücklich gewählt wurde (siehe nächste Frage).

- Termin der Veranstaltung (Uhrzeit, Tag)

Gerade bei Abendveranstaltungen im schulischen Rahmen, die auf freiwilliger Teilnahme basieren, sollte den Terminwünschen der Eltern so weit wie möglich entgegengekommen werden. In der überwiegenden Zahl begannen die Elternworkshops zwischen 19:00 Uhr und 19:30 Uhr. Es wurde zumeist vermieden, den Workshop an einem Freitag oder vor einem Feiertag anzubieten. Tabelle 9-DB gibt Auskunft über die Zufriedenheit der Workshopteilnehmer mit der Terminwahl.

Tabelle 9-DB: Zufriedenheit mit dem Termin der Veranstaltung (N= 237)

Wie zufrieden sind Sie mit den nachfolgenden Aspekten der Veranstaltung? - Termin der Veranstaltung (Uhrzeit, Tag)	Häufigkeit	Prozentangaben
sehr zufrieden	127	53,6%
eher zufrieden	92	38,8%
eher unzufrieden	12	5,1%
sehr unzufrieden	1	0,4%
weiß ich nicht	1	0,4%
keine Angaben	4	1,7%

Insgesamt äußerten sich fast 93 Prozent der Befragten sehr oder eher zufrieden bezüglich des Termins des Workshops.

8.2.4 Optimierungs- und Änderungsvorschläge

Im Anschluss an die geschlossenen Fragen nach der Zufriedenheit mit unterschiedlichen Aspekten der Veranstaltung wurden die Eltern gebeten (falls sie bei einem oder mehreren Punkten sich „eher unzufrieden“ oder „sehr unzufrieden“ geäußert hatten), Optimierungs- oder generelle Änderungsvorschläge anzugeben.

Die gemachten Vorschläge betrafen vor allem die organisatorischen Rahmenbedingungen des Workshops (Teilnehmerzahl, Termin bzw. Dauer, Akustik, Raumtemperatur, Lichtverhältnisse, Verteilung des Prospektmaterials).

Größter Kritikpunkt war für die Teilnehmer die geringe Resonanz der Eltern auf das Workshop-Angebot (also das Verhältnis von eingeladenen zu erschienenen Eltern): Sie waren äußert unzufrieden mit und enttäuscht von der geringen Teilnehmerzahl. Einige der Eltern führten dies zurück auf mangelnde Vorabinformationen, eine zu geringe Streuung oder aber einen zu geringen Informationsgehalt der Einladungen.

Auch für den Termin bzw. die Dauer des Workshops gab es Rückmeldungen, hier ließ sich jedoch kein genereller Trend feststellen: Für manche Teilnehmer war der Zeitpunkt zu früh gewählt, für andere lag er zu spät. Ebenso unterschiedlich waren die Einschätzungen zur Dauer des Workshops: Während einzelne Eltern gern noch Zeit für Gruppenarbeit und Diskussionen zur Verfügung gehabt hätten, äußerten andere Eltern, die Veranstaltung hätte abgekürzt werden können. Dabei handelte es sich jedoch jeweils um Minderheitenmeinungen, so dass insgesamt von einer adäquaten Zeitdauer des Workshops ausgegangen werden kann.

Generelle Kritikpunkte am Konzept oder an vermittelten Inhalten des Eltern-Workshops zu „Klartext reden!“ kamen nicht auf. Es zeigte sich jedoch neben den angesprochenen Themenkomplexen noch Interesse an ausführlicherer Information zum Thema Alkopops im speziellen bzw. auch generell zu anderen Suchtmitteln. Angesichts der Zielsetzung der Kampagne „Klartext reden!“ speziell das Thema Alkoholprävention in den Fokus zu rücken, bietet sich an dieser Stelle keine inhaltliche Ergänzung des Workshops um weitere Suchtmittel an. Ein vertiefende Information zum Thema „Alkopops“ hingegen sollte angedacht werden.

8.2.5 Meinungsspiegel

Die Workshopteilnehmer wurden im Rahmen eines „Meinungsspiegels“ nach ihren subjektiven Einschätzungen, Einstellungen und Meinungen zu Fragen des Wissenserwerbs, der Verhaltensanregung und der Verhaltensumsetzung durch die im Workshop vermittelten Inhalte und Themen gefragt.

- Neues Wissen erlangt?

Die Workshopbesucher wurden danach gefragt, ob sie durch den Besuch der Veranstaltung neues Wissen im Zusammenhang mit dem Alkoholkonsum und der Alkoholprävention bei Jugendlichen erworben haben. Tabelle 10-DB zeigt, dass der Workshopbesuch für zahlreiche Teilnehmerinnen und Teilnehmer mit einem essentiellen Wissenszuwachs verbunden war.

Tabelle 10-DB: Neues Wissen erlangt? (N= 238)

Haben Sie beim Workshop etwas dazugelernt/ neues Wissen erlangt?	Häufigkeit	Prozentangaben
ja, auf jeden Fall	139	58,4%
eher ja	77	32,4%
eher nein	19	8%
nein, auf keinen Fall	1	0,4%
weiß ich nicht	1	0,4%
keine Angaben	1	0,4%

Über 90 Prozent der Teilnehmer geben an, aus dem Workshop auch neues Wissen mitgenommen zu haben. Wenn man bedenkt, dass zu einer freiwilligen Veranstaltung wie „Klartext reden!“ häufig vor allem solche Eltern kommen, die prinzipiell als aufgeschlossener, interessierter, engagierter und häufig auch informierter gelten können, so ist es äußerst bemerkenswert, dass auch diese Gruppe von Eltern zu einem großen Teil noch neues Wissen

aus dem Workshop mitgenommen hat. Dieses Ergebnis spricht dafür, dass die Workshops der Maßnahme „Klartext reden!“ nicht nur „Allerweltstipps“ oder Banalitäten präsentieren, sondern wirklich persönlich bedeutsames Wissen an die Eltern herantragen und so deren Erkenntnis- und Handlungsspielraum erweitern. Dies ist eine wichtige Voraussetzung, um nachfolgend auch tatsächliches Verhalten auf Elternseite zu initiieren, was ja eine der Kernabsichten von „Klartext reden!“ ist. Die nachfolgenden Ergebnisse belegen deutlich, dass durch den Workshopbesuch auch Verhaltensintentionen auf Elternseite aufgebaut werden können, die in Richtung einer gezielteren und offensiveren Kommunikation mit den Kindern im Feld der Alkoholprävention gehen.

- Besser gerüstet für Gespräche mit den Kindern?

Der Erwerb neuen Wissens alleine führt noch nicht unbedingt dazu, dass die Eltern dann das Gefühl haben, dieses Wissen handlungsrelevant einsetzen zu können. Daher wurden die Workshopbesucher noch danach gefragt, ob sie sich durch die Veranstaltung besser dafür gerüstet fühlen, das Thema Alkohol mit ihren Kindern auch für die Kinder interessant zu besprechen. Tabelle 11-DB zeigt, dass dies für die überwältigende Mehrheit der Eltern zutrifft.

Tabelle 11-DB: Besser gerüstet fühlen? (N= 238)

Fühlen Sie sich durch den Workshop besser dafür gerüstet, das Thema Alkohol mit Ihren Kindern zu besprechen?	Häufigkeit	Prozentangaben
ja, auf jeden Fall	103	43,3%
eher ja	110	46,2%
eher nein	20	8,4%
nein, auf keinen Fall	0	0%
weiß ich nicht	2	0,8%
keine Angaben	3	1,3%

Nach der Teilnahme am Workshop fühlen sich über 89 Prozent der Eltern auf jeden Fall bzw. eher besser gerüstet, das Thema Alkohol mit den eigenen Kindern zu besprechen. Diese subjektive Einschätzung dürfte in jedem Fall eine positive Wirkung auf die Bereitschaft der Eltern haben, ein solches Gespräch mit ihren Kindern auch zu suchen.

- Besser in der Lage, zukünftig Grenzen zu setzen?

Zu den Zielen des Workshops gehört es auch, die Eltern und Erziehungsberechtigten in die Lage zu versetzen, den Kindern bzw. Jugendlichen im Umgang mit Alkohol Grenzen zu setzen. Wie die Workshopteilnehmer diese Frage für die Zukunft einschätzen, das zeigt Tabelle 12-DB.

Tabelle 12-DB: Grenzen setzen? (N= 238)

Fühlen Sie sich durch den Workshop besser in der Lage, Ihren Kindern zum Thema Alkohol zukünftig Grenzen zu setzen?	Häufigkeit	Prozentangaben
ja, auf jeden Fall	70	29,4%
eher ja	128	53,8%
eher nein	24	10,1%
nein, auf keinen Fall	2	0,8%
weiß ich nicht	4	1,7%
keine Angaben	10	4,2%

Zusammenfassend sehen sich nach dem Besuch des Workshops über 83 Prozent der teilnehmenden Eltern auf jeden Fall bzw. eher in der Lage, den Kindern im Umgang mit Alkohol zukünftig Grenzen zu setzen (klare Vereinbarungen zu treffen wie z. B. auf einer Party nicht mehr als 2 Gläser Bier zu trinken oder nach Alkoholkonsum nicht mehr mit dem Mofa zu fahren und diese Vereinbarungen auch zu überprüfen). Diese subjektive Einschätzung hat ebenfalls einen positiven Einfluss auf die Bereitschaft der Eltern, tatsächlich auch die Kommunikation mit ihren Kindern zum Umgang mit Alkohol zu suchen.

- Nachfolgeveranstaltung besuchen?

Eine klassische Frage, um die subjektiv erlebte Qualität einer Veranstaltung zu erfassen, ist die nach der Bereitschaft, eine Nachfolgeveranstaltung zu besuchen. Auch im Rahmen der „Klartext reden!“-Maßnahme wurde diese Frage gestellt.

Tabelle 13-DB lässt erkennen, dass der Elternworkshop auch vor diesem Hintergrund von den Teilnehmerinnen und Teilnehmern positiv eingeschätzt wurde.

Tabelle 13-DB: Besuch einer Nachfolgeveranstaltung (N= 238)		
Würden Sie eine Nachfolgeveranstaltung zu diesem Thema besuchen?	Häufigkeit	Prozentangaben
ja, auf jeden Fall	115	48,3%
eher ja	85	35,7%
eher nein	30	12,6%
nein, auf keinen Fall	2	0,8%
weiß ich nicht	3	1,3%
keine Angaben	3	1,3%

Insgesamt würden 84 Prozent der Teilnehmer auch eine Nachfolgeveranstaltung der Maßnahme „Klartext reden!“ auf jeden Fall bzw. eher wahrscheinlich besuchen, ein weiteres Indiz dafür, dass der Workshop die Bedürfnislage der Eltern getroffen hat und als interessant erlebt wurde.

- Teilnahme an „Klartext reden!“ weiterempfehlen?

Im Rahmen einer Produkt- oder Dienstleistungseinschätzung gilt es als eine positive Qualitätsbewertung, wenn ein Nutzer es/sie weiterempfehlen würde. Tabelle 14-DB belegt, dass das „Klartext reden!“-Programm von den Besuchern der Workshops als nahezu uneingeschränkt empfehlenswert wahrgenommen wird.

Tabelle 14-DB: Weiterempfehlung an andere (N= 238)

Würden Sie die Veranstaltung anderen Eltern aus Ihrem Bekanntenkreis empfehlen?	Häufigkeit	Prozentangaben
ja, auf jeden Fall	173	72,7%
eher ja	60	25,2%
eher nein	3	1,3%
nein, auf keinen Fall	0	0%
weiß ich nicht	1	0,4%
keine Angaben	1	0,4%

„Klartext reden!“ und den Besuch des Elternworkshops würden demnach fast 98 Prozent der Befragten anderen Eltern aus dem Bekanntenkreis weiterempfehlen. Auch dies spricht für eine hohe Akzeptanz und einen interessanten Aufbau der „Klartext reden!“-Workshops.

- Anregung eines Gesprächs?

Bei „Klartext reden!“ handelt es sich um eine verhaltenspräventive Maßnahme. Das bedeutet, dass über die im Workshop vermittelten Informationen, Anregungen und Tipps zunächst einmal das Verhalten der Eltern und Erziehungsberechtigten dahingehend modifiziert werden soll, dass diese persönliche Gespräche mit ihren Kindern suchen, um das Thema Alkohol zu besprechen. Über diese mit konkreten Zielsetzungen und verbindlichen Vereinbarungen im Umgang mit Alkohol verbundenen

Gespräche soll in einem zweiten Schritt das Verhalten der Kinder und Jugendlichen im Umgang mit Alkohol in eine verantwortungsvolle und gesundheitlich wie sozial unschädliche Richtung geführt werden. Dies bedeutet im Sinne von „Klartext reden!“, dass Kinder unter 14 Jahren gar keinen Alkohol trinken sollten, dass die Vorgaben des Jugendschutzgesetzes unbedingt einzuhalten sind und, dass es generell darum geht, den Beginn des Alkoholkonsums so weit wie möglich hinauszuzögern (also durchaus über das 14. bzw. 16. Lebensjahr hinaus). Tabelle 15-DB zeigt, inwieweit sich die Workshopbesucher durch die Veranstaltung dazu angeregt sehen, ein entsprechendes Gespräch mit ihren Kindern zu führen.

Tabelle 15-DB: Anregung zu einem Gespräch mit den Kindern? (N= 238)

Hat Sie der Workshop angeregt, mit Ihrem Kind/Ihren Kindern in nächster Zeit über Alkohol zu sprechen?	Häufigkeit	Prozentangaben
ja, auf jeden Fall	91	38,2%
eher ja	115	48,3%
eher nein	18	7,6%
nein, auf keinen Fall	1	0,4%
weiß ich nicht	4	1,7%
keine Angaben	9	3,8%

Über 38 Prozent der Workshopbesucher sehen sich auf jeden Fall, und weitere 48 Prozent sehen sich zumindest eher durch den Workshop angeregt, ein entsprechendes Gespräch mit ihren Kindern zu führen. Nur 8 Prozent der Teilnehmer hat der Workshop eher nicht zu einem Gespräch mit den Kindern zum Thema Alkohol angeregt.

Eines der Ziele der Maßnahme, nämlich aktiv den Dialog zwischen Eltern und ihren Kindern zum Thema Alkohol anzustoßen, wurde folglich für über 86 Prozent der Teilnehmer erreicht. Und auch wenn eine geäußerte Anregung noch nicht mit einer Verhaltensumsetzung gleichgesetzt werden kann, so schafft „Klartext reden!“ doch eine positive motivationale Ausgangslage für den Dialog zwischen Eltern und ihren Kindern.

- Nachhaltiger Hinweis auf Risiken und Gefahren des Alkoholkonsums?

Alkoholpräventionsmaßnahmen, die durch industrienahe Einrichtungen gefördert werden, sehen sich unter Umständen dem Vorwurf ausgesetzt, bestimmte Problematiken im Zusammenhang mit Alkohol zu verharmlosen. Daher war es wichtig zu erfragen, ob die Workshopbesucher den Eindruck hatten, dass im Rahmen der Veranstaltung wirklich nachhaltig auf die Risiken und Gefahren des Alkoholkonsums hingewiesen wurde.

Tabelle 16-DB: Hinweise auf Risiken und Gefahren des Alkoholkonsums durch den Referenten/die Referentin? (N= 210)

Hat der Referent/die Referentin nachhaltig auf die Risiken und Gefahren des Alkoholkonsums hingewiesen?	Häufigkeit	Prozentangaben
ja, auf jeden Fall	163	77,5%
eher ja	43	20,5%
eher nein	2	1%
nein, auf keinen Fall	0	0%
weiß ich nicht	0	0%
keine Angaben	2	1%

Tabelle 16-DB belegt eindeutig, dass es sich bei den „Klartext reden!“-Workshops keinesfalls um „Verharmlosungs-“ oder „Bagatellisierungsveranstaltungen“ handelt. Über 98 Prozent der Teilnehmer geben an, dass der Referent/die Referentin des Workshops auf jeden Fall bzw. hinreichend nachhaltig auf die Risiken und Gefahren des Alkoholkonsums hingewiesen hat. Lediglich zwei Teilnehmer äußerten, dass dies nicht der Fall gewesen sei. Das Ergebnis ist ein Beleg dafür, dass auch seitens der Industrie unterstützte Alkoholpräventionsmaßnahmen einen sinnvollen und ernstzunehmenden Beitrag zum verantwortungsvollen Umgang mit Alkohol leisten können.

8.2.6 Benotung von „Klartext reden!“

Abschließend wurden die Teilnehmerinnen und Teilnehmer gebeten, dem Elternworkshop „Klartext reden!“ in Anlehnung an das Schulnotensystem (zwischen 1 - sehr gut und 6 - ungenügend) eine Note zu geben.

Tabelle 17-DB zeigt, dass die Elternworkshops eine gute bis sehr gute Beurteilung durch die Eltern erfahren.

Tabelle 17-DB: Gesamtbewertung/Schulnote bzgl. der Elternworkshops (N= 238)

Wenn Sie dem Elternworkshop „Klartext reden!“ eine Schulnote geben sollten, welche Note würden Sie geben?	Häufigkeit	Prozentangaben
sehr gut (1)	90	37,8%
gut (2)	126	52,9%
befriedigend (3)	15	6,3%
ausreichend (4)	3	1,3%
mangelhaft (5)	0	0%
ungenügend (6)	0	0%
keine Angaben	4	1,7%

Errechnet man aus den gegebenen Daten eine Durchschnittsnote, so ergibt sich für den Elternworkshop insgesamt die Note „(noch) sehr gut“ (1,7).

8.2.7 Einschätzung unterschiedlicher Einflussfaktoren

Die abschließende Frage im Rahmen der Direktbefragung im Anschluss an die Workshopteilnahme zielte ab auf die Einschätzung des Einflusses verschiedener Faktoren auf das Alkoholverhalten der Kinder. Die Workshopteilnehmer wurden gebeten zu beurteilen, welchen Einfluss Werbung in Zeitungen/Zeitschriften, Fernsehen, Radio etc., die Freunde/die Clique, die Eltern, die Lehrer/Lehrerinnen und Sport-/Musik- bzw. Filmstars auf das Alkoholkonsumverhalten von Kindern und Jugendlichen haben. „Klartext reden!“ möchte verdeutlichen, dass neben anderen Einflussfaktoren auch und insbesondere den Eltern eine wesentliche Rolle bei der Entwicklung des Alkoholkonsumverhaltens von Kindern und Jugendlichen zukommt.

Tabelle 18-DB: Einschätzung verschiedener Einflussfaktoren

Welchen Einfluss haben die nachfolgend genannten Faktoren Ihrer Meinung nach auf das Alkoholkonsumverhalten Ihres Kindes?	sehr großen Einfluss	eher großen Einfluss	eher geringen Einfluss	gar keinen Einfluss	weiß ich nicht	keine Angaben
- Werbung in Zeitungen/Zeitschriften, Fernsehen, Radio etc. (N= 238)	65 27,3%	77 32,4%	76 31,9%	12 5,1%	2 0,8%	6 2,5%
- Die Freunde/die Clique (N= 238)	166 69,8%	56 23,5%	8 3,4%	5 2,1%	1 0,4%	2 0,8%
- Die Eltern (N= 238)	103 43,3%	90 37,8%	34 14,3%	5 2,1%	0 0%	6 2,5%
- Die Lehrer/Lehrerinnen (N= 237)	25 10,5%	73 30,8%	111 46,8%	15 6,4%	6 2,5%	7 3%
- Sportstars/Musikstars/Filmstars (N= 238)	56 23,5%	67 28,2%	78 32,8%	24 10,1%	6 2,5%	7 2,9%

- Einfluss von Werbung

Es entspricht der naiven Wirkungsannahme des Laien, dass Werbung für alkoholische Getränke einen großen Einfluss auf das Alkoholkonsumverhalten nicht nur von Kindern und Jugendlichen, sondern generell auf alle (potenziellen) Alkoholkonsumenten hat. Und auch wenn nicht nur eigene Studien (Bergler et al. 2000), sondern auch vom Bundesministerium für Gesundheit in Auftrag gegebene Expertisen (Bundesministerium für Gesundheit und soziale Sicherung 2002) zu dem Ergebnis kommen, dass Werbung allenfalls einen geringen Einfluss auf das Ausmaß des Alkoholkonsums hat, so gilt es nach wie vor als ein populäres Argument, durch Werbebeschränkungen oder Werbeverbote sei eine nachhaltige Modifikation des Alkoholkonsumverhaltens in einer Gesellschaft (oder zumindest ausgewählten Zielgruppen) möglich. Tabelle 18-DB zeigt, dass auch für mehr als die Hälfte der Workshopbesucher Werbung nach ihrer subjektiven Meinung einen großen Einfluss auf das Alkoholkonsumverhalten der Kinder hat.

27 Prozent der Befragten schätzen den Einfluss von Werbung auf das Alkoholverhalten der Kinder als sehr groß ein, 32 Prozent der Workshopteilnehmerinnen und -teilnehmer halten diesen für eher groß. Eher gering stuften 32 Prozent der Eltern diesen Einflussfaktor ein, fünf Prozent der Teilnehmer sind sogar der Meinung, dass Werbung gar keinen Einfluss auf das Alkoholverhalten der Kinder habe.

- Einfluss von Freunden/Cliquen

Insbesondere wenn die Kinder älter werden haben Eltern häufig den subjektiven Eindruck, dass sich ihr Einfluss auf das Verhalten der Kinder verringert und vor allem der Einfluss der Freunde, der Clique oder – wie es in der Entwicklungspsychologie genannt wird – der Peergroup zunimmt. Diese Einschätzung teilen auch die Besucherinnen und Besucher der Elternworkshops (siehe Tabelle 18-DB).

Fast 70 Prozent der Eltern attestieren den Freunden bzw. der Clique der Kinder einen sehr großen Einfluss auf das Alkoholverhalten ihrer Kinder, 24 Prozent der Teilnehmer geben an, dass der Einfluss der Freunde/der Clique als eher groß zu werten ist. Demgegenüber sind nur drei Prozent der Eltern der Meinung, dass der Einfluss der Peers eher gering ist, zwei Prozent der Teilnehmer glauben sogar, dass die Clique gar keinen Einfluss auf den Alkoholkonsum hat.

Insgesamt werden die – sicherlich auch zum Teil auf eigenen Erfahrungen beruhenden – Einschätzungen der Workshopbesucher durch die Erkenntnisse der Wissenschaft bestätigt. Freunde und Peers gewinnen mit wachsendem Alter einen zunehmenden Einfluss auf die Einstellungsbildung und die Verhaltensentwicklung von Kindern und Jugendlichen und das umso mehr, je stärker es zu Störungen im Eltern-Kind-Verhältnis kommt. In diesem Zusammenhang ist jedoch zu betonen, dass der Einfluss der Freunde und der Clique erst zu einem Zeitpunkt auftritt, vor dem durch elterliches Erziehungsverhalten schon wesentliche Grundlagen beispielsweise im Umgang mit alkoholischen Getränken gelegt worden sind. Daher ist es von äußerster Wichtigkeit, den Eltern immer wieder diese verhaltensprägende Verantwortung, die sie im Hinblick auf ihre Kinder haben, zu verdeutlichen. Gerade in den ersten drei bis fünf Lebensjahren eines Kindes liegt auf Seiten der Eltern eine große Chance, hier tragfähige und wirksame Grundlagen für einen verantwortungsvollen und sozial wie gesundheitlich akzeptablen Umgang mit Alkohol zu schaffen.

- Einfluss der Eltern

Wie nun sehen die Eltern selbst ihre Rolle, ihre Einflussmöglichkeiten und ggf. auch ihre Einflusspflichten im Hinblick auf den Alkoholkonsum ihrer Kinder? Ein Ziel des Programms „Klartext reden!“ ist die Sensibilisierung der Eltern auf ihre wichtige Vorbildfunktion und ihren dadurch bedingten starken Einfluss auf das spätere Alkoholkonsummuster der eigenen Kinder. Tabelle 18-DB belegt, dass der Großteil der Besucherinnen und Besucher der Elternworkshops sich dieser Aufgabe und Verantwortung absolut bewusst sind. Nach dem Besuch des Workshops schätzen über 43 Prozent der Eltern den eigenen Einfluss auf das Alkoholkonsumverhalten ihrer Kinder als sehr groß ein, 38 Prozent der Teilnehmer halten diesen Einfluss für eher groß. Nur 14 Prozent der befragten Eltern geben an, dass sie eher geringen Einfluss haben, zwei Prozent der Befragten sprechen sich sogar jeglichen Einfluss auf das Alkoholverhalten der eigenen Kinder ab.

Einmal mehr wird deutlich, dass sich Eltern durchaus bewusst sind, dass sie auch im Bereich der Alkoholprävention eine Erziehungsverantwortung haben. Wichtiges Ziel muss es daher sein, Eltern darin zu unterstützen, diese Aufgabe auch wahrzunehmen und zielorientiert umzusetzen. Genau hier setzt das Workshopkonzept von „Klartext reden!“ an. Es soll Eltern interessieren, inspirieren, motivieren und auch befähigen, Erziehungsaufgaben rund um das Thema Alkohol zu erfüllen. Hierfür erweist sich das didaktische Mittel des Workshops als äußerst geeignet und letztlich sehr viel effektiver als die reine Verteilung von Broschüren.

- Einfluss von Lehrern/Lehrerinnen

Gerade in der öffentlichen Diskussion wird immer auch wieder gefordert, dass zur Milderung oder gänzlichen Vermeidung gesellschaftlicher Probleme Interventionen seitens des Staates oder aber der Schulen notwendig und zentral sind. Dies setzt jedoch voraus, dass auch tatsächlich ein Einfluss dieser Institutionen auf konkretes Verhalten – hier bei Kindern und Jugendlichen im Umgang mit Alkohol – erwartet werden kann. Tabelle 18-DB zeigt, wie die Workshopbesucher den Einfluss der Lehrerinnen und Lehrer auf das Alkoholkonsumverhalten der Kinder beurteilen.

Nur knapp 11 Prozent der Eltern schätzen den Einfluss der Lehrerinnen und Lehrer auf das Alkoholkonsumverhalten der Kinder als sehr groß ein, knapp 31 Prozent der Befragten halten diesen Einfluss für immerhin noch eher groß. Entscheidend ist jedoch der Befund, dass fast die Hälfte der anwesenden Eltern, nämlich knapp 47 Prozent, den Einfluss der Lehrer bzw. Lehrerinnen als eher gering einschätzen, und gut sechs Prozent der Eltern sogar davon ausgehen, dass die Lehrer/innen gar keinen Einfluss auf das Alkoholverhalten der Kinder ausüben. Auch hier wird deutlich, dass der Schule im Rahmen von alkoholpräventiven Maßnahmen sicherlich eine wichtige flankierende und unterstützende Funktion zukommt. Seitens der Eltern wird jedoch realistischerweise der Einfluss der Lehrerinnen und Lehrer nicht überschätzt. Einmal mehr muss betont werden, dass die Eltern nicht nur die Grundlagen der Erziehung im Rahmen der Alkoholprävention legen, sondern dass dieser elterliche Einfluss auch in die Schulzeit der Kinder hineinreicht. Schule kann in den seltensten Fällen Fehler und Versäumnisse der elterlichen Erziehung ausgleichen.

- Einfluss von Sport-, Musik- und Filmstars

Aktuelle Diskussionen zeigen, dass insbesondere der Einsatz von (ehemaligen) Sportstars als Testimonials in der Werbung für alkoholische Getränke kritisch gesehen wird. Tabelle 18-DB belegt, dass auch ein Teil der Besucherinnen und Besucher der Elternworkshops den Einfluss von Sport- und Medienstars auf das Alkoholkonsumverhalten der Kinder und Jugendlichen als durchaus gegeben betrachtet.

Den Einfluss der Stars aus den Bereichen Sport, Musik, Film beurteilen fast 52 Prozent der Eltern als sehr groß bzw. groß. Als eher gering bewerten 33 Prozent der Workshopteilnehmer den Einfluss von Prominenten auf das Alkoholkonsumverhalten ihrer Kinder, und zehn Prozent der Teilnehmer sprechen den berühmten Persönlichkeiten aus der Sport- und Medienwelt jeglichen Einfluss auf den Alkoholkonsum der Kinder und Jugendlichen ab.

Zusammenfassend lässt sich allerdings feststellen, dass die Teilnehmerinnen und Teilnehmer der Elternworkshops insgesamt von allen Sozialisationsagenten den Eltern den größten Einfluss auf das Alkoholkonsumverhalten der Kinder und Jugendlichen zusprechen. Daher ist es von äußerst großer Bedeutung, die Eltern in dieser Funktion zu unterstützen, ggf. zu befähigen und immer wieder auch zur Verantwortungsübernahme zu animieren.

8.3 Ergebnisse der online bzw. telefonischen Nachbefragung

Aus der Evaluationsforschung ist hinlänglich bekannt, dass Zufriedenheits- und Wirkungsabfragen unmittelbar im Anschluss an eine Veranstaltung häufig zu beschönigenden Ergebnissen führen. Die Teilnehmerinnen und Teilnehmer fühlen sich – wenn die Veranstaltung gut moderiert war und die Interessen- und Bedürfnislage der Besucher getroffen hat – zufrieden und gut informiert. Möglicherweise gibt es Verzerrungseffekte, weil die Sympathie der Referentin/des Referenten die Beantwortung der gestellten Fragen überstrahlt. Daneben sind noch weitere kritische Argumente denkbar, die es unabdingbar machen, die Beurteilung einer Veranstaltung, die unmittelbar im Anschluss an diese erfragt worden ist, auch nach Ablauf einer gewissen Zeit nochmals zu überprüfen. Gerade im Hinblick auf Maßnahmen, die eine tatsächliche Verhaltensänderung bzw. Verhaltensinitiierung intendieren, ist eine solche Überprüfung wesentlich. Daher umfasst die Evaluation der Workshops der Kampagne „Klartext reden!" nicht nur die Befragung der Teilnehmerinnen und Teilnehmer am Ende der Veranstaltung. Vielmehr konnten die Eltern und Erziehungsberechtigten, die einen Fragebogen unmittelbar nach dem Workshop ausfüllten auch angeben, ob sie zur Teilnahme an einer Nachbefragung ca. sechs bis acht Wochen nach dem Workshop bereit sind. Diese Nachbefragung konnte wahlweise als Telefoninterview oder als Online-Befragung durchgeführt werden. Durch Angabe ihrer Telefonnummer bzw. ihrer E-Mailadresse machten die an der Nachbefragung interessierten Eltern den von ihnen bevorzugten Ansprecheweg deutlich. Die Erhebung der Nachbefragungsdaten fand mit Unterstützung des Zentrums für Evaluation und Methoden (ZEM) der Universität Bonn statt.

Insgesamt erklärten sich 148 Personen daran interessiert, auch an der Nachbefragung im Rahmen der Evaluation der „Klartext reden!"-Workshops teilzunehmen. N=110 der insgesamt N=148 interessierten Eltern (74,3 %) konnten letztlich für eine Nachbefragung erreicht und gewonnen werden. Nachfolgend werden die Ergebnisse vorgestellt.

8.3.1 Soziodemographische Variablen

Neben den inhaltlichen Aspekten wurden bei der an der Nachbefragung teilnehmenden Gruppe auch soziodemographische Merkmale erhoben. Aus Zeitgründen wurde bei der Befragung direkt im Anschluss an die Workshops darauf verzichtet.

Tabelle 1-NB: Demographie

Wir möchten Sie um ein paar Angaben zu Ihrer Lebenssituation bitten:	Antwort	Häufigkeit	Prozentangaben
- Geschlecht	Männlich	28	25,5%
	Weiblich	82	74,5%

Fortsetzung Tabelle 1-NB: Demographie			
Wir möchten Sie um ein paar Angaben zu Ihrer Lebenssituation bitten:	Antwort	Häufigkeit	Prozentangaben
- Anzahl der Kinder	1	14	13,2%
	2	63	59,4%
	3	17	16,1%
	4	9	8,5%
	5	2	1,9%
	7	1	0,9%
- Alter	20 - 29	1	0,9%
	30 - 39	24	22%
	40 - 49	64	58,7%
	50 - 59	19	17,5%
	60 - 69	1	0,9%
- Familienstand	ledig allein lebend	1	0,9%
	ledig zusammen lebend	4	3,7%
	verheiratet	93	85,3%
	getrennt lebend	3	2,8%
	geschieden	7	6,4%
	verwitwet	1	0,9%

An der Nachbefragung nahmen n=110 Personen teil. Davon waren 82 Personen weiblichen und 28 Personen männlichen Geschlechts. Auch wenn die Geschlechterverteilung bei den Workshops selbst nicht systematisch erfasst wurde, kann geschlussfolgert werden, dass das Thema Alkoholprävention – zumindest in Verbindung mit schulischen Veranstaltungen – offensichtlich eher ein Thema der Mütter ist. Allerdings ist prinzipiell davon auszugehen, dass schulische Veranstaltungen und Thematiken eher in den „Zuständigkeitsbereich“ der Mütter fallen und diese daher „überrepräsentiert“ sind.

Die durchschnittliche Kinderzahl der Teilnehmerinnen und Teilnehmer der Nachbefragung liegt bei 2,3 Kindern. Dieser Wert ist im gesamtgesellschaftlichen Vergleich als überdurchschnittlich zu betrachten. Unterschiedliche Interpretationen oder Schlussfolgerungen bieten sich aufgrund dieses Ergebnisses an: Möglicherweise sind Eltern mehrerer Kinder eher von Fragen der Alkoholprävention betroffen und daher dem Thema gegenüber insgesamt aufgeschlossener. Es könnte jedoch auch sein, dass Eltern mehrerer Kinder insgesamt aktiver an Schulveranstaltungen teilnehmen und daher auch im Rahmen der vorliegenden Nachbefragung überrepräsentiert sind.

Die Altersspanne der Nachbefragungsteilnehmer ist sehr groß: Der/die jüngste Besucher/in war 28 Jahre alt, der/die älteste Teilnehmer/in 60 Jahre, wobei das Durchschnittsalter bei ca. 44 Jahren liegt.

Der Großteil der Teilnehmerinnen und Teilnehmer an der Nachbefragung, nämlich 85 Prozent, ist verheiratet.

Die Eltern wurden des weiteren auch um Angaben zu ihren Kindern gebeten. Es zeigte sich, dass das Gros der Kinder im Teenageralter ist (68,7%) und im Hause der Eltern wohnt (84,4%). Das Thema Alkohol scheint für die heutige Elterngeneration auch gleichberechtigt für beide Geschlechter relevant zu sein, denn es waren Eltern von Jungen (50,2%) wie auch von Mädchen (49,8%) zu gleichen Teilen anwesend.

8.3.2 Interesse an „Klartext reden!“

Zunächst wurde in der Nachbefragung erhoben, welches Interesse die Eltern an „Klartext reden!“ hatten als sie zum ersten Mal davon hörten. Tabelle

2-NB zeigt, dass durch die Elternworkshops nach eigenen Angaben eher aufgeschlossene und interessierte Eltern angesprochen wurden.

Tabelle 2-NB: Interesse an „Klartext reden!“ (N= 110)

Als ich das erste Mal von der Kampagne „Klartext reden!“ hörte, war mein Interesse...	Häufigkeit	Prozentangaben
1 - sehr gering	1	0,9%
2	8	7,3%
3	25	22,7%
4	33	30%
5 - sehr groß	43	39,1%

Fast 70 Prozent der Befragten äußerten, dass sie großes oder sehr großes Interesse an „Klartext reden!“ hatten, als sie zum ersten Mal davon hörten. Nur ein Prozent der Workshopteilnehmer gibt an, an „Klartext reden!“ und einer Teilnahme am Workshop bei einem ersten Wahrnehmen nur sehr geringes Interesse verspürt zu haben. Insgesamt lässt sich angesichts dieser Ergebnisse schlussfolgern, dass nach eigenen Angaben eher aufgeschlossene und interessierte Eltern an den „Klartext reden!“-Workshops teilgenommen haben. Präventionsmaßnahmen dieser Art erreichen häufig eher solche Zielgruppen, die schon über ein gewisses Problembewusstsein und auch Kenntnisse im Themenfeld Alkohol verfügen. Dennoch sind auch solche Präventionsmaßnahmen von großer Bedeutung, denn über sie werden teilnehmende Eltern zu Multiplikatoren. Darüber hinaus können auch interessierte Eltern durch den Workshopbesuch noch etwas lernen, zum Beispiel im Hinblick auf Unsicherheiten die Kommunikation mit ihren Kindern das Thema Alkohol betreffend. „Klartext reden!“ wird von diesen Eltern als Möglichkeit gesehen, konkrete und spezifische Anleitungen für die Gespräche und den Umgang ihrer Kinder mit Alkohol zu erhalten. Zudem zielte insbesondere der Workshop auch darauf ab, ein Klima des Hinschauens und des „sich Einmischens“ zu fördern. Solche Verhaltensmuster sind eher von interessierten und aufgeklärten Eltern zu erwarten. Letztlich muss deutlich werden, dass eine erfolgreiche Präventionsarbeit im Bereich des Alkohols

nur durch und mit entsprechend entschlossenen und handlungsbereiten Eltern gelingen kann.

8.3.3 Ausmaß des Interesses an den angesprochenen Themenbereichen

In der Nachbefragung wurde erfasst, wie interessant unterschiedliche in den „Klartext reden!"-Workshops angesprochene Themen für die Teilnehmerinnen und Teilnehmer waren. Im einzelnen wurde dabei das Interesse an den folgenden Themenbereichen abgefragt:

- Fakten zu alkoholischen Getränken
- Gefahren und Risiken des Alkoholkonsums
- Alkohol und seine Wirkungen
- Jugendschutzgesetz
- Das „magische Dreieck der Erziehung"
- Konkrete Regeln und Vereinbarungen im Umgang mit Alkohol
- Anzeichen für problematischen Alkoholkonsum
- Informationen zu konkreten Hilfsangeboten bei Alkoholproblemen.

Fasst man das Interesse an den verschiedenen Themenkomplexen des Workshops „Klartext reden!" zusammen, so zeigt sich folgendes Bild:

Tabelle 3-NB: Themenauswahl

Im Rahmen des Workshops wurden ja verschiedene Themen angesprochen. Wir würden gerne erfahren, wie interessant die unterschiedlichen Themen für Sie waren.	1 - völlig uninte-ressant	2	3	4	5 – sehr interes-sant
- Konkrete Regeln und Vereinbarungen im Umgang mit Alkohol (N=110)	0 0%	5 4,5%	4 3,6%	39 35,5%	62 56,4%

Fortsetzung Tabelle 3-NB: Themenauswahl					
Im Rahmen des Workshops wurden ja verschiedene Themen angesprochen. Wir würden gerne erfahren, wie interessant die unterschiedlichen Themen für Sie waren.	1 - völlig uninteressant	2	3	4	5 – sehr interessant
- Fakten zu alkoholischen Getränken (N= 109)	1 0,9%	4 3,7%	11 10,2%	38 34,9%	55 50,5%
- Alkohol und seine Wirkungen (N= 109)	1 0,9%	3 2,7%	15 13,8%	40 36,7%	50 45,9%
- Gefahren und Risiken des Alkoholkonsums (N= 110)	2 1,8%	2 1,8%	17 15,5%	34 30,9%	55 50%
- Anzeichen für problematischen Alkoholkonsum (N= 110)	2 1,8%	4 3,6%	14 12,7%	36 32,8%	54 49,1%
- Jugendschutzgesetz (N= 110)	4 3,6%	4 3,6%	14 12,7%	41 37,4%	47 42,7%
- Das „magische Dreieck" der Erziehung (N= 106)	1 0,9%	5 4,7%	19 17,9%	35 33,1%	46 43,4%
- Informationen zu konkreten Hilfsangeboten bei Alkoholproblemen (N= 110)	3 2,7%	6 5,5%	24 21,8%	35 31,8%	42 38,2%

Bei den Eltern stießen konkrete Regeln und Vereinbarungen im Umgang mit Alkohol (z.B. Altersgrenzen für den Konsum unterschiedlicher alkoholischer Getränke, empfehlenswerte Trinkmengen etc.) auf das größte Interesse: Knapp 92 Prozent der Befragten gaben an, dass sie dieser Bereich (sehr) interessiert. Es wird offensichtlich, dass die Eltern auf der Suche nach pragmatischen Handlungsanregungen sowie umsetzbaren Orientierungshilfen sind, wenn es um das Thema Alkohol bei Jugendlichen geht. Genau diese praktischen Tipps und Hilfestellungen werden in den Elternworkshops diskutiert und vermittelt. Durch das Workshopkonzept kommt es zudem zu „Hilfe von Eltern für Eltern“, d.h. durch den strukturierten Erfahrungsaustausch sind es oft teilnehmende Eltern selbst, die Vorschläge machen und Anregungen geben, wie man Vereinbarungen mit den Kindern trifft und Regeln formuliert, umsetzt und kontrolliert, wenn es um den Umgang mit Alkohol geht.

An zweiter Stelle des Interesses der Eltern folgen die Informationen und die generellen Fakten zu alkoholischen Getränken. Hier äußerten sich fast 86 Prozent der Eltern (sehr) interessiert. Trotz der Tatsache, dass sich aufgeschlossene und schon in gewissem Maße informierte Eltern zu einer Teilnahme an den „Klartext reden!“-Workshops entscheiden, können die Veranstaltungen offensichtlich auch neues faktisches Wissen für die Eltern bieten.

Informationen über die Wirkweisen des Alkohols erlebten über 82 Prozent der Teilnehmer als (sehr) aufschlussreich; auf ebenso hohes Interesse stießen die Anzeichen für einen problematischen Alkohohlkonsum. Was den Interessantheitsgrad angeht liegen die in den Workshops immer wieder aufgezeigten Informationen zu Gefahren und Risiken des Alkoholkonsums knapp dahinter; sie stießen bei fast 81 Prozent der Befragten auf (starkes) Interesse.

Wie kann man als Elternteil einen problematischen Umgang mit alkoholischen Getränken bei Kindern und Jugendlichen erkennen? Die zu dieser Frage vermittelten Informationen waren für fast 82 Prozent der befragten Eltern interessant.

Die Kenntnis der gesetzlichen Rahmenbedingungen im Hinblick auf Jugendliche und Alkoholkonsum kann eine gute Argumentationsgrundlage im Gespräch mit den eigenen Kindern darstellen. Schließlich wird so deutlich, dass die Festlegung von Altersgrenzen und die Beschränkung der Abgabe bestimmter alkoholischer Getränke an Kinder und Jugendliche keinesfalls eine willkürliche Festlegung des Elternhauses ist, sondern auf klaren gesetzlichen und medizinisch begründeten Vorgaben beruht. Verstöße gegen diese Bestimmungen haben Konsequenzen beispielsweise nicht nur für den Einzelhandel, sondern auch und gerade für die Kinder/Jugendlichen selbst bzw. für ältere Freunde, Geschwister oder andere Personen, die alkoholische Getränke an Minderjährige abgeben. Diesen Themenkomplex bewerten 80 Prozent der Eltern als (sehr) interessant.

Veranstaltungen wie der Elternworkshop „Klartext reden!“ müssen nun in der inhaltlichen Vermittlung mit einem Minimum an theoretischem Input auskommen. Diskussionen über unterschiedliche pädagogische Konzepte oder Modelle würden das Auditorium nur langweilen und auch verhindern, dass wirklich handlungsorientiert diskutiert wird. Dennoch wurde in den Workshops auf das der Präventionsarbeit entnommene Modell des „magischen Dreiecks“ der Erziehung (Hurrelmann 2002) hingewiesen. Kernbotschaft des „magischen Dreiecks“ ist es, dass Kinder und Jugendliche durch drei Faktoren stark gemacht werden können gegenüber dem Konsum bzw. Missbrauch von Suchtmitteln, nämlich durch

- Anregung (Eltern müssen ihren Kindern immer wieder alternative Angebote machen, wie diese ihre Freizeit sinnvoll gestalten können, um Langeweile und Orientierungslosigkeit zu verhindern),
- Anerkennung (Eltern sollten darauf achten, dass sie ihre Kinder ausreichend, kontinuierlich und angemessen loben, da aus der Lernpsychologie bekannt ist, dass positive Verstärkungen und Anerkennung nicht nur zu einem gefestigten Selbstbewusstsein führen, sondern auch dazu beitragen, dass erwünschte Verhaltensweisen verstärkt und somit in die Verhaltensroutinen der Kinder übernommen werden),
- Anleitung (Eltern müssen sich immer wieder darüber bewusst sein, dass ihr Verhalten für die Kinder einen Modellcharakter besitzt. Wenn die Eltern ihren Kindern einen verantwortungsbewussten Umgang mit alkoholischen Getränken vormachen bzw. vorleben, ist es wahrscheinlicher, dass auch die Kinder zu einem solchen angemessenen Alkoholkonsumverhalten gelangen).

Das „magische Dreieck der Erziehung“ (dessen Wirksamkeit sich im übrigen nicht nur auf die Entwicklung des Alkohol- bzw. des generellen Suchtverhaltens beschränkt), weckte das (starke) Interesse von über 76 Prozent der befragten Eltern.

Im Workshop wurde ebenfalls über konkrete Hilfsangebote bei Alkoholproblemen (Beratungsstellen, Ansprechpartner) informiert. Diese Thematik interessierte 70 Prozent der befragten Eltern (sehr).

8.3.4 Wissen gewonnen

In der Direktbefragung am Ende des Workshops hatten zahlreiche Teilnehmer angegeben, durch den Workshopbesuch neues Wissen erhalten zu haben (vgl. Tabelle 10–DB). Um zu überprüfen, ob diese Einschätzung auch nach einer gewissen Zeit noch Bestand hat, wurde dieses Thema in der Nachbefragung nochmals angesprochen.

Tabelle 4-NB: Neues erfahren (N= 110)

Wenn Sie einmal beurteilen sollten, wie viel Neues Sie durch den Workshop „Klartext reden!" bezüglich des Alkoholkonsums von Kindern und Jugendlichen und dem Umgang der Eltern mit diesem Thema erfahren haben, was würden Sie sagen? Ich habe im Workshop „Klartext reden"...	Häufigkeit	Prozentangaben
1 – gar nichts Neues erfahren	1	0,9%
2	15	13,6%
3	60	54,6%
4	33	30%
5 – nur Neues erfahren	1	0,9%

Wie Tabelle 4-NB zeigt, gibt lediglich knapp 1 Prozent der Befragten an, inhaltlich durch ihre Teilnahme am „Klartext reden!"-Workshop gar nichts Neues erfahren zu haben. Demgegenüber haben über 54 Prozent der teilnehmenden Eltern und Erziehungsberechtigten zumindest teilweise neue Informationen gewonnen.

Fast ein Drittel der Teilnehmer schließlich (30,9%) hat nur bzw. fast nur Neues im Workshop erfahren.

8.3.5 Meinungsspiegel

Nachfolgend werden die Ergebnisse zur Erfassung des „Meinungsspiegels" der Eltern zusammengefasst. Hier stehen (in Anlehnung an den Meinungsspiegel der Direktbefragung) wieder besonders die inhaltlichen Aspekte von „Klartext reden!" sowie die Umsetzung der Anregungen in den Familien im Vordergrund. Ziel dieser erneuten Abfrage war es, die Persistenz von Einschätzungen der Workshopteilnehmer zu überprüfen. Zum Zeitpunkt der Nachbefragung hatten die Workshopbesucher nämlich bereits die Möglichkeit, Erkenntnisse, Tipps und Vorschläge des Workshops in konkretes Handeln umzusetzen und so reale Erfahrungen zu sammeln. Eine auch in der Nachbefragung feststellbare positive Beurteilung des Workshops sowie spezieller Elemente daraus dürfen daher als Beleg dafür gewertet werden, dass die Eltern durch den Besuch des Workshops essentiell und pragmatisch darin unterstützt worden sind, nicht nur das Thema Alkohol mit ihren Kindern anzusprechen, sondern in diesem Feld auch zu erwünschten und zielführenden Handlungsmustern zu gelangen.

- Besser gerüstet für Gespräche mit den Kindern?

Zunächst wurde danach gefragt, ob sich die Workshopteilnehmer immer noch besser gerüstet für Gespräche mit ihren Kindern zum Thema Alkohol fühlen. Es war nicht auszuschließen, dass die Eltern am Abend der Veranstaltung diese Frage (wie auch die nachfolgenden weiteren Fragen) zu optimistisch einschätzen und durch die später gemachten Erfahrungen wieder „auf den Boden der Tatsachen" zurückgeholt werden.

Tabelle 5-NB: Besser gerüstet fühlen (N= 110)

Fühlen Sie sich durch den Workshop besser dafür gerüstet, das Thema Alkohol mit Ihren Kindern zu besprechen?	Häufigkeit	Prozentangaben
1 – nein, auf keinen Fall	2	1,8%
2	7	6,4%
3	23	20,9%
4	45	40,9%
5 – ja, auf jeden Fall	33	30%

Tabelle 5-NB belegt, dass auch sechs bis acht Wochen nach der Workshopteilnahme sich fast 71 Prozent der befragten Eltern immer noch eher oder auf jeden Fall besser gerüstet für Gespräche zum Thema Alkohol mit den eigenen Kindern fühlen. Nur gut acht Prozent der Teilnehmer äußerten, dass sie durch den Workshopbesuch auf keinen Fall bzw. eher nicht (mehr) besser gerüstet dafür sind, das Thema Alkohol mit ihren Kindern zu besprechen. Wenn man bedenkt, dass auch in der Direktbefragung bereits acht Prozent der Eltern (eher) verneint hatten, besser gerüstet für Gespräche zu sein (siehe Tabelle 11-DB), so spricht die große Gruppe der Positivantworten auf diese Frage für einen eindrucksvollen nachhaltigen Effekt des Workshops.

- Besser in der Lage, zukünftig Grenzen zu setzen?

Nachdem in der Direktbefragung 83,2 Prozent der Eltern (eher) bejaht hatten, künftig besser Grenzen im Umgang mit Alkohol setzen zu können (Tabelle 12-DB), fällt dieser Wert in der Nachbefragung etwas geringer aus (Tabelle 6-NB).

Tabelle 6-NB: Grenzen setzen (N= 110)

Fühlen Sie sich durch den Workshop besser in der Lage, Ihren Kindern zum Thema Alkohol zukünftig Grenzen zu setzen?	Häufigkeit	Prozentangaben
1 – nein, auf keinen Fall	4	3,6%
2	7	6,4%
3	30	27,3%
4	45	40,9%
5 – ja, auf jeden Fall	24	21,8%

Zehn Prozent der Teilnehmer sehen sich nach dem Workshop auf keinen Fall bzw. eher nicht besser dazu in der Lage, den Kindern beim Alkoholkonsum zukünftig die erforderlichen Grenzen zu setzen; 27 Prozent der Eltern sind nicht sicher, ob sich diese Fähigkeit durch den Workshop verbessert hat.

Dagegen sehen sich auch 6-8 Wochen nach der Veranstaltung noch fast 63 Prozent der Teilnehmer eher oder auf jeden Fall besser in der Lage, den Kindern beim Alkoholkonsum zukünftig Grenzen zu setzen.

Dieses Ergebnis lässt sich dahingehend interpretieren, dass ein Teil der Eltern möglicherweise die Erfahrung hat machen müssen, dass nicht alle der im Workshop vermittelten Inhalte und Hilfestellungen sich auch tatsächlich bzw. erfolgreich umsetzen lassen. Daher wird die Fähigkeit zum Grenzen Setzen verhaltener eingeschätzt. Dass aber immer noch fast zwei Drittel der befragten Eltern sich nach wie vor als besser gerüstet für eine Grenzsetzung im Umgang mit Alkohol fühlen als vor dem Workshop, spricht eindeutig für das „Klartext reden!“-Konzept.

- Bewusstere Wahrnehmung des Themas Alkoholkonsum/-probleme?

Die intendierte Sensibilisierung der Eltern hinsichtlich des Alkoholkonsums bzw. möglicher Alkoholprobleme ihrer Kinder oder innerhalb deren Umfelds durch den Workshopbesuch belegt Tabelle 7-NB.

Tabelle 7-NB: Thema bewusster wahrnehmen (N= 110)

Glauben Sie, dass Sie durch den Workshop das Thema Alkoholkonsum/Alkoholprobleme bewusster wahrnehmen?	Häufigkeit	Prozentangaben
1 – nein, auf keinen Fall	6	5,5%
2	11	10%
3	24	21,8%
4	41	37,3%
5 – ja, auf jeden Fall	28	25,4%

Fast 63 Prozent der Eltern sind der Meinung, die Thematik des Konsums von Alkohol sowie etwaige Probleme in Verbindung mit Alkohol durch den Workshop zukünftig eher bzw. auf jeden Fall bewusster wahrzunehmen.

Lediglich 15 Prozent der Teilnehmer sind der Meinung, dass sie das Thema jetzt eher nicht bzw. auf keinen Fall bewusster wahrnehmen. Hier kann spekuliert werden, dass es sich möglicherweise um Eltern handelt, die diesem Thema gegenüber auch schon vor dem Workshopbesuch eine ausgeprägte Sensibilität aufgewiesen haben, die durch „Klartext reden!“ nicht weiter gesteigert werden konnte, dann aber auch – so kann angenommen werden – nicht mehr weiter gesteigert werden musste, da sie sich bereits auf einem wünschenswerten Niveau befand.

- Mehr offene Gespräche mit anderen Eltern?

Eines der Grundanliegen des Programms „Klartext reden!" ist es, auch die Kommunikation unter den Eltern im Hinblick auf den Alkoholkonsum ihrer Kinder zu fördern. Da es sich bei Alkohol und Sucht häufig um ein tabuisiertes Thema handelt, war es wichtig zu erfahren, ob es „Klartext reden!" schafft, eine offenere Gesprächsatmosphäre zwischen den teilnehmenden, aber auch anderen Eltern zu schaffen, um das Thema „Alkoholkonsum Jugendlicher" anzusprechen.

Tabelle 8-NB: Offener für Gespräche (N= 110)

Sind Sie durch den Workshop eher in der Lage, mit anderen Eltern offen über das Thema „Alkoholkonsum Jugendlicher" zu sprechen?	Häufigkeit	Prozentangaben
1 – nein, auf keinen Fall	2	1,8%
2	9	8,2%
3	29	26,4%
4	42	38,2%
5 – ja, auf jeden Fall	28	25,4%

Fast zwei Drittel der Befragten sehen sich auch sechs bis acht Wochen nach dem Workshopbesuch eher bzw. auf jeden Fall in der Lage, mit anderen Eltern über die Thematik offen zu sprechen (Tabelle 8-NB). Nur zehn Prozent der Befragten sind der Meinung, dass der Workshop dieses Ziel bei ihnen eher nicht bzw. auf keinen Fall erreicht hat.

Es lässt sich also feststellen, dass „Klartext reden!" nicht nur den Dialog zwischen Eltern und ihren Kindern anzuregen vermag, sondern auch die Fähigkeit fördert, dieses Thema bei anderen Eltern/Erziehungsberechtigten anzusprechen. Diese Wirkung kann gar nicht hoch genug eingeschätzt werden, denn speziell im Bereich der Alkoholprävention kommt dem offenen Austausch zwischen den Eltern eine erhebliche Bedeutung zu, da über „Elternnetzwerke" die Voraussetzungen für eine angemessene Einhaltung und auch Überprüfung verabredeter Grenzen und Regeln jugendlichen

Alkoholkonsums erheblich optimiert werden. Sind sich nämlich die Eltern beispielsweise feiernder Jugendlicher einig darüber, was den Inhalt sowie die Überprüfung von Regeln zum Alkoholkonsum angeht, so ist eine tatsächliche Umsetzung und Einhaltung dieser Regeln auch eher wahrscheinlich.

- Alkoholprobleme eher erkennen

Die Besucher der Workshops wurden in der Nachbefragung gebeten anzugeben, ob sie durch die Teilnahme am Workshop sich eher in der Lage fühlen, eventuelle Alkoholprobleme ihrer Kinder besser zu erkennen als vorher. Tabelle 9-NB zeigt, dass dies für gut die Hälfte der Teilnehmerinnen und Teilnehmer der Nachbefragung zutrifft.

Tabelle 9-NB: Alkoholprobleme erkennen (N= 110)

Angenommen, Ihr Kind hätte Alkoholprobleme: Glauben Sie, Sie würden diese jetzt eher erkennen können als vor dem Workshop?	Häufigkeit	Prozentangaben
1 – nein, auf keinen Fall	10	9,1%
2	15	13,6%
3	29	26,4%
4	42	38,2%
5 – ja, auf jeden Fall	14	12,7%

Während knapp 23 Prozent der Befragten der Meinung sind, dass dies auf keinen Fall bzw. eher nicht der Fall sei, glauben hingegen über 50 Prozent der an der Evaluation teilnehmenden Eltern, nach dem Workshopbesuch etwaige Alkoholprobleme des eigenen Kindes/der eigenen Kinder auf jeden Fall oder zumindest eher erkennen zu können als vor dem Workshop.

Also lässt sich feststellen, dass ein Besuch des „Klartext reden!"-Workshops auch die Wahrnehmung der Eltern bezüglich möglicherweise bei den eigenen Kindern vorliegender Alkoholprobleme verbessern kann.

- Besuch einer Nachfolgeveranstaltung?

In der Nachbefragung wurde erneut erfasst, wie groß die Bereitschaft der Eltern und Erziehungsberechtigten auch sechs bis acht Wochen nach der Workshopteilnahme ist, eine entsprechende Nachfolgeveranstaltung zu besuchen (zum Vergleich siehe auch Tabelle 13-DB). Tabelle 10-NB belegt, dass der positive Eindruck der Direktbefragung sich auch einige Zeit nach dem Workshopbesuch noch feststellen lässt.

Tabelle 10-NB: Besuch einer Nachfolgeveranstaltung (N= 110)

Würden Sie eine Nachfolgeveranstaltung zu diesem Thema besuchen?	Häufigkeit	Prozentangaben
1 – nein, auf keinen Fall	5	4,5%
2	5	4,5%
3	10	9,1%
4	32	29,1%
5 – ja, auf jeden Fall	58	52,8%

Fast 82 Prozent der teilnehmenden Eltern bekunden nach wie vor großes Interesse an einer Nachfolgeveranstaltung, sie würden auf jeden Fall oder zumindest mit großer Wahrscheinlichkeit eine weiterführende Veranstaltung zur Alkoholpräventionsthematik besuchen.

Lediglich neun Prozent der Befragten geben an, auf keinen Fall oder zumindest eher nicht an der Teilnahme einer weiteren Veranstaltung interessiert zu sein.

- Teilnahme an „Klartext reden!" weiterempfehlen?

Tabelle 11-NB zeigt, dass die spontan geäußerte positive Bewertung des Workshopkonzepts der „Klartext reden!"-Maßnahme anhält, würden doch auch einige Wochen nach dem Workshopbesuch immer noch über 95 Prozent der Befragten Teilnehmerinnen und Teilnehmer die Veranstaltung ihren Bekannten weiterempfehlen.

Tabelle 11-NB: Weiterempfehlung an andere (N= 109)

Würden Sie die Veranstaltung anderen Eltern aus Ihrem Bekanntenkreis empfehlen?	Häufigkeit	Prozentangaben
1 – nein, auf keinen Fall	0	0%
2	0	0%
3	5	4,6%
4	20	18,3%
5 – ja, auf jeden Fall	84	77,1%

- Schützt die Maßnahme „Klartext reden!" vor Alkoholmissbrauch?

In der Diskussion um die Effektivität und Eignung unterschiedlicher möglicher Maßnahmen zur Alkoholprävention bei Kindern und Jugendlichen ist das Konzept der „Klartext reden!"-Strategie eindeutig als eine verhaltenspräventive Maßnahme einzuordnen. „Klartext reden!" zielt auf Information, Erkenntnisgewinn und ggf. Verhaltensmodifikation auf der Ebene der zentralen Akteure im Alkoholsozialisationsprozess, nämlich den Eltern/ Erziehungsberechtigten, ab. Es stellt sich die Frage, wie die das Angebot wahrnehmenden Eltern die Wirksamkeit einer solchen Maßnahme einschätzen.

Tabelle 12-NB: Beitrag der Maßnahme (N= 110)		
Glauben Sie, dass Kampagnen wie „Klartext reden!“ generell dazu beitragen können, Kinder und Jugendliche vor Alkoholmissbrauch zu schützen?	Häufigkeit	Prozentangaben
1 – nein, auf keinen Fall	3	2,7%
2	4	3,6%
3	30	27,3%
4	42	38,2%
5 – ja, auf jeden Fall	31	28,2%

Tabelle 12-NB zeigt, dass lediglich knapp sieben Prozent der Befragten der Meinung sind, dass Initiativen wie „Klartext reden!“ auf keinen Fall oder eher nicht dazu beitragen können, Kinder und Jugendliche vor Alkoholmissbrauch zu schützen. Von diesen Befragten wird der Nutzen solcher verhaltenspräventiver Maßnahmen also eher als gering eingeschätzt.

Der Großteil der Eltern jedoch (über 66 Prozent der Befragten) glaubt, dass Konzepte dieser Art einen große Wirksamkeit dahingehend besitzen, Kinder und Jugendliche vor Problemen im Umgang mit Alkohol zu schützen. Etwa ein Viertel der Befragten Eltern/Erziehungsberechtigten äußert sich in dieser Frage unentschlossen.

8.3.6 Anregung zum Dialog

Ein angestrebter Effekt der Initiative „Klartext reden!“ ist es, das Gespräch zwischen Eltern und ihren Kindern zum Thema Alkohol anzuregen. Gaben in der Direktbefragung über 86 Prozent der Teilnehmer an, sich durch den Workshop (eher) dazu angeregt zu fühlen, ein solches Gespräch zu führen (vgl. Tabelle 15–DB), ist es natürlich interessant zu erfahren, ob diese Anregung auch tatsächlich zu einem Gespräch mit den Kindern/Jugendlichen zum Thema Alkohol geführt hat. Tabelle 13-NB zeigt, dass „Klartext reden!“ seine Ziele auch an diesem Punkt klar erreicht.

Tabelle 13-NB: Gespräch mit den Kindern geführt? (N= 110)		
Haben Sie nach dem Besuch des Elternworkshops „Klartext reden!“ mit Ihrem Kind/Ihren Kindern ein Gespräch/Gespräche zum Thema „Alkohol“ geführt?	Häufigkeit	Prozentangaben
ja	93	84,5%
nein	17	15,5%

Über 84 Prozent der befragten Workshopteilnehmer geben an, im Anschluss an die Workshopteilnahme tatsächlich auch ein Gespräch zum Thema Alkohol mit ihren Kindern geführt zu haben. Jedoch kam es bei 15 Prozent der Eltern/Erziehungsberechtigten nicht zu einem solchen Gespräch. Diese Zahl ist insofern bemerkenswert, als dass es sich bei den die Workshops besuchenden und auch an der (Nach-)Befragung teilnehmenden Eltern um sehr interessierte Personen handeln dürfte. Wenn diese dennoch kein Gespräch mit ihren Kindern suchen/führen, sind die Ursachen hierfür zukünftig genauer zu analysieren.

Wenn man davon ausgeht, dass speziell solche Gespräche zwischen Eltern und ihren Kindern zentrale Grundlage und wesentlicher Wirkfaktor im Rahmen der Alkoholprävention sind, so muss der Maßnahme „Klartext reden!“ an dieser Stelle eine äußert positive Wirkungsweise attestiert werden. Offensichtlich nehmen zahlreiche Workshopteilnehmer den Besuch der Veranstaltung zum Anlass, um – ggf. sogar erneut und wiederholt – mit ihren Kindern das Thema Alkohol zu diskutieren. Auch wenn durch das Gespräch alleine nicht per se eine positive Auswirkung auf den Umgang der Kinder und Jugendlichen mit Alkohol erwartet werden darf, so lässt sich jedoch festhalten, dass ohne solche Gespräche eine entsprechende positive Beeinflussung des Alkoholkonsums der Kinder und Jugendlichen unwahrscheinlich ist.

Um zu erfahren, welche Eindrücke und Einschätzungen die Eltern/ Erziehungsberechtigten, die ein solches Gespräch geführt hatten, aus den Gesprächen mitgenommen haben, wurden in der Nachbefragung entsprechende Vertiefungsfragen gestellt.

- Nutzen der Workshopinhalte beim Gespräch

Zunächst wurde erfragt, wie hilfreich die im Workshop gewonnenen Informationen und Erfahrungen bei der Gesprächsdurchführung waren.

Tabelle 14-NB: Nutzen der Workshopinhalte beim Gespräch mit den Kindern (N= 93)

Falls ja: Wie hilfreich waren für Sie dabei die Informationen und Erfahrungen, die Sie durch den Workshopbesuch gewonnen haben?	Häufigkeit	Prozentangaben
1 – überhaupt nicht hilfreich	0	0%
2	3	3,2%
3	20	21,5%
4	45	48,4%
5 – sehr hilfreich	25	26,9%

Über 75 Prozent der befragten Eltern erlebten die vermittelten Informationen, die gewonnenen Tipps und Ratschläge und die Erfahrungen des Workshopbesuchs als (sehr) hilfreich für ihr Gespräch mit dem Kind/den Kindern (Tabelle 14-NB). Gut ein Fünftel der Befragten äußerte sich in dieser Frage unentschieden, und lediglich 3 Eltern gaben an, die Workshopinhalte bei ihren eigenen Gesprächen als eher nicht hilfreich erlebt zu haben.

Insgesamt besitzen die Inhalte der „Klartext reden!“-Workshops also eine hohe Praxisrelevanz, die den Besuchern auch in konkreten Gesprächssituationen hilft und sich positiv auf die Gesprächsbereitschaft bzw. die Gesprächsgestaltung auswirkt.

- Zufriedenheit mit dem Gespräch

Die alleinige Durchführung eines Gespräches sagt verständlicherweise noch nichts über die Zufriedenheit mit dem Verlauf des Gesprächs bzw. der Gespräche mit ihrem Kind bzw. ihren Kindern aus. Daher wurde in der Nachbefragung ebenfalls eruiert, wie zufrieden die Eltern/Erziehungsberechtigten mit dem Gesprächsverlauf waren.

Tabelle 15-NB: Zufriedenheit mit dem Gesprächsverlauf (N= 93)

Falls ja: Wie zufrieden waren Sie mit dem Verlauf des Gesprächs/der Gespräche?	Häufigkeit	Prozentangaben
1 – überhaupt nicht zufrieden	0	0%
2	2	2,1%
3	26	28%
4	42	45,2%
5 – sehr zufrieden	23	24,7%

Tabelle 15-NB zeigt, dass zwei Prozent der Befragten mit dem Verlauf des Gesprächs/der Gespräche eher unzufrieden sind, 28 Prozent der Eltern berichten von positiven wie auch negativen Aspekten im Verlauf des Gesprächs und sind weder unzufrieden noch zufrieden.

Dagegen sind jedoch fast 70 Prozent der befragten Personen mit dem Verlauf des Gesprächs/der Gespräche zufrieden oder sogar sehr zufrieden. Auch an dieser Stelle darf der Maßnahme „Klartext reden!“ zugesprochen werden, dass sie pragmatische und zielführende Hilfestellung für Eltern und Erziehungsberechtigte bei der Wahrnehmung von Erziehungsaufgaben im Bereich der Alkoholprävention bieten kann.

- Wirkung des Gesprächs

Die subjektive Zufriedenheit mit dem Gesprächsverlauf deckt nur einen Teilaspekt der Wirksamkeit eines solchen Gespräches ab. Natürlich ist es denkbar, dass eine solche Unterredung zwischen Eltern und ihren Kindern in einer sehr angenehmen, offenen und konstruktiven Atmosphäre stattfindet und alle Beteiligten mit den besten Vorsätzen und Erkenntnissen das Gespräch beenden. Wichtiger jedoch ist die Frage, ob ein solches Gespräch dann auch die intendierten Wirkungen zeigt. Daher wurden die Teilnehmerinnen und Teilnehmer der Nachbefragung auch nach ihrer diesbezüglichen subjektiven Einschätzung gefragt.

Tabelle 16-NB: Wirkung des Gesprächs (N= 93)

Falls ja: Was war Ihr Eindruck: Hat das Gespräch/Haben die Gespräche die von Ihnen gewünschte Wirkung gehabt, was den Umgang Ihres Kindes mit Alkohol angeht?	Häufigkeit	Prozentangaben
ja	44	47,3%
teils-teils	41	44,1%
nein	1	1,1%
ich weiß nicht	7	7,5%

Knapp die Hälfte der befragten Eltern/Erziehungsberechtigten gibt an, dass das Gespräch/die Gespräche die gewünschte Wirkung gezeigt hat/haben (Tabelle 16-NB). Demnach hilft der Workshopbesuch offensichtlich dabei, persönliche erzieherische Maßnahmen auch über ein solches Gespräch umzusetzen.

Gut 44 Prozent der Befragten erreichten zumindest teilweise die gewünschte Wirkung, was den Umgang des Kindes mit Alkohol angeht, während lediglich ein Befragter angab, durch das Gespräch nicht die gewünschte Wirkung erzielt zu haben.

Neben der subjektiven Zufriedenheit der Eltern/Erziehungsberechtigten mit dem Gespräch an sich spricht also auch deren subjektive Wirksamkeitseinschätzung dafür, dass das Mittel des Gesprächs durchaus in der Lage ist, auf Seiten der Kinder gewünschte Verhaltensweisen zu etablieren bzw. zu verstärken. Auch dieses Ergebnis sollte zum Anlass genommen werden, die besondere Verhaltenswirksamkeit elterlicher Maßnahmen im Rahmen der Erziehung der Kinder zu betonen. Die oftmals beschriebene Hilf- und Wirkungslosigkeit auf Seiten der Eltern ist nicht per se gegeben, aber sie tritt dann ein, wenn sich die Eltern nicht der zur Verfügung stehenden Möglichkeiten zur Einflussnahme und Erziehung bedienen.

- Dauer des Gesprächs

Die Frage nach der (kumulierten) Zeitdauer der geführten Gespräche zeigt, dass es sich bei dem durch den Workshop „Klartext reden!“ angeregten Diskussionen keinesfalls nur um kurze Unterhaltungen gehandelt hat.

Tabelle 17-NB: Dauer des Gesprächs (N= 93)		
Falls ja: Wenn Sie einmal schätzen sollen: Wie lange haben Sie sich seit dem Workshopbesuch mit Ihrem Kind/mit Ihren Kindern über das Thema Alkohol unterhalten?	Häufigkeit	Prozentangaben
ungefähr 5 Minuten	5	5,4%
15-30 Minuten	65	69,9%
30-60 Minuten	15	16,1%
mehr als 60 Minuten	8	8,6%

Aus Tabelle 17-NB ergibt sich, dass sich fast 70 Prozent der Eltern/ Erziehungsberechtigten seit dem Workshop zwischen 15 und 30 Minuten mit ihren Kindern über das Thema „Alkohol“ unterhalten haben. Bedenkt man einerseits die Vielzahl von zu besprechenden Themen zwischen Eltern und ihren Kindern, und berücksichtigt man andererseits die Tatsache, dass die Kommunikationsintensität zwischen Eltern und ihren Kindern im europäischen Vergleich eher defizitär ist (Baumert et al. 2003), so ist dieses Ergebnis als sehr erfreulich zu bezeichnen.

Dass darüber hinaus fast ein Viertel der Befragten mehr als 30 Minuten Zeit dem Thema Alkohol in Gesprächen gewidmet hat zeigt zudem, wie relevant und interessant dieser Themenkomplex auch für die Kinder und Jugendlichen sein kann.

- Gesprächsinhalte (in Anlehnung an die Workshopinhalte)

Um zu erfassen, welche Bestandteile des Workshops sich in den Gesprächen zwischen Eltern und ihren Kindern wiedergefunden haben, wurden die Eltern/Erziehungsberechtigten konkreter nach Themen und Inhalten der Gespräche gefragt. Dabei waren Mehrfachnennungen möglich.

Tabelle 18-NB: Gesprächsinhalte (in Anlehnung an die Workshopinhalte)

Falls ja: Welche Workshopinhalte haben Sie in Ihrem Gespräch/in Ihren Gesprächen angesprochen? (Mehrfachnennungen sind möglich)	ja		nein	
	Häufigkeiten	Prozentangaben	Häufigkeiten	Prozentangaben
- Alkohol und seine Wirkungen – speziell auf Kinder und Jugendliche	82	90,1%	9	9,9%
- Gefahren und Risiken des Alkoholkonsums	82	89,1%	10	10,9%
- Fakten zu alkoholischen Getränken (Gesamtkonsum, Alkoholgehalt verschiedener Getränke etc.)	80	87,9%	11	12,1%
- Der Alkoholkonsum meines Kindes generell	70	76,9%	21	23,1%

Fortsetzung Tabelle 18-NB: Gesprächsinhalte (in Anlehnung an die Workshopinhalte)

Falls ja: Welche Workshopinhalte haben Sie in Ihrem Gespräch/in Ihren Gesprächen angesprochen? (Mehrfachnennungen sind möglich)	ja		nein	
	Häufigkeiten	Prozentangaben	Häufigkeiten	Prozentangaben
- Konkrete Regeln und Vereinbarungen im Umgang mit Alkohol	69	74,2%	24	25,8%
- Anzeichen für problematischen Alkoholkonsum	44	48,4%	47	51,6%
- Das „magische Dreieck“ der Erziehung (Anregung, Anerkennung, Anleitung)	31	34,8%	58	65,2%
- Informationen zu konkreten Hilfsangeboten	22	24,2%	69	75,8%

Fasst man den Inhalt der Tabelle 18-NB zusammen, so zeigt sich folgendes Bild:

Am häufigsten, nämlich in 88-90 Prozent aller Fälle, wurden die Wirkungsweisen von Alkohol, besonders auf Kinder und Jugendliche, die Gefahren und Risiken des Alkoholkonsums sowie Fakten zu alkoholischen Getränken thematisiert.

Um den persönlichen Alkoholkonsum des Kindes bzw. des Jugendlichen drehten sich 77 Prozent der Gespräche. Ebenso häufig wurden die gesetzlichen Hintergründe (Jugendschutzgesetz) angesprochen.

74 Prozent der Eltern vereinbarten im Gespräch konkrete Regeln und Vereinbarungen im Umgang mit Alkohol.

Die Anzeichen für einen problematischen Alkoholkonsum sprachen 48 Prozent der Eltern an.

Das „magische Dreieck“ der Erziehung thematisierten 35 Prozent der Befragten.

Informationen zu konkreten Hilfsangeboten bei einer etwaigen Alkoholproblematik gaben knapp ein Viertel der Eltern (24%).

Insgesamt sind die geführten Gespräche also pragmatisch-faktisch orientiert. Offensichtlich werden Risiken und Gefahren des Alkoholkonsums speziell bei Kindern und Jugendlichen aufgezeigt. Hinzu kommen aber auch konkrete Absprachen und Vereinbarungen mit den Kindern, während gesetzliche und theoretische Grundlagen und Rahmenbedingungen eine nachgeordnete Rolle spielen. Exakt in diesem Sinne ist jedoch auch die Intention der „Klartext reden!“-Workshops. Animiert und befähigt durch faktisches Wissen sollen die Eltern im Gespräch mit ihren Kindern dieses Wissen weitergeben und gleichzeitig besprechen, welche Verhaltensweisen der Kinder und Jugendlichen sich aus diesem Wissen heraus anbieten. Der Hinweis auf das Schädigungspotenzial und die Gefahren und Risiken von Alkohol alleine reicht bei weitem nicht aus, um zu einem erwünschten Verhalten auf Seiten der Kinder und Jugendlichen zu gelangen. Vielmehr gehören hierzu auch flankierende Maßnahmen und konkrete Verhaltensvorbilder, -anleitungen und auch -überprüfungen. Diese können und müssen jedoch immer wieder von den Hauptakteuren der Erziehung gegeben und vorgenommen werden, nämlich von den Eltern.

Schließlich wurden die Eltern/Erziehungsberechtigten auch danach gefragt, welche weiteren, bislang nicht angesprochenen Themen Gegenstand des Gespräches/der Gespräche waren. Hier wurden folgende Punkte genannt: Eigener Alkoholkonsum und entsprechende Erfahrungen sowie der Konsum von Verwandten, Mitschülern, im Freundeskreis und auf Partys; Ort des ersten Alkoholkonsums (wenn möglich Zuhause); aktuelle Berichte aus den Medien zum Alkoholkonsum; Umgang mit anderen Jugendlichen, die einen übermäßigen Alkoholkonsum zeigen; sozialer Abstieg bei übermäßigem Alkoholgenuss und Abhängigkeit; Mixgetränke und Alkopops; Alkoholkonsum und der Zusammenhang zum Rauchen; Lob für einen verantwortungsvollen Umgang mit dem Alkohol.

- Gründe für ein fehlendes Gespräch

Kam es im Anschluss an die Workshopteilnahme nicht zu einem Dialog zwischen Eltern und Kindern zum Thema Alkohol (so wie von 17 der 110

Teilnehmerinnen und Teilnehmern der Nachbefragung angegeben), so wurden auch hier vertiefende Fragen zur Ermittlung der Gründe gestellt. Auch hier waren Mehrfachnennungen möglich.

Aus einer vorgegebenen Liste wurden folgenden Gründe genannt, dass es nach dem Workshopbesuch nicht zu einem persönlichen Gespräch zwischen Eltern und ihrem Kind/ihren Kindern zum Thema Alkohol gekommen ist:

Elf Teilnehmer, die nach dem Workshopbesuch kein Gespräch mit ihrem Kind/ihren Kindern zum Thema Alkohol geführt haben äußerten, dass es hierfür keinen konkreten Anlass gegeben habe.

Sieben Personen äußerten, dass sich ein solches Gespräch einfach nicht ergeben habe. Einer der Befragten räumt aber auch ein, die Sache nicht konsequent genug verfolgt zu haben.

Keiner der Befragten gibt als Grund dafür an, dass ein Gespräch nicht zustande gekommen ist, dass sich das Kind geweigert oder ein solches Gespräch abgeblockt hätte. Dieses Ergebnis ist ein wenig überraschend, wäre doch zumindest bei manchen Kindern und Jugendlichen eine gewisse Distanziertheit gegenüber einem Thema wie Alkohol, speziell wenn es von den Eltern angesprochen wird, zu erwarten gewesen.

Als weitere Gründe, weshalb ein Dialog zum Thema „Alkohol“ bislang nicht zustande kam, wurden von Seiten der Teilnehmer noch die folgenden genannt: thematisch nicht betroffen, Alter der Kinder (zu jung bzw. bereits erwachsen), Kinder haben kein Interesse am Alkohol.

- Gespräch geplant?

Selbst wenn noch kein Gespräch geführt wurde, könnte ein solches aber immer noch geplant sein und in Zukunft durchgeführt werden. Daher wurde bei den Eltern, die bislang noch kein Gespräch geführt hatten erfragt, ob ein solches denn in Zukunft noch geplant sei.

Sieben der befragten Teilnehmer geben an, immerhin geplant zu haben, in nächster Zeit mit ihrem Kind/ihren Kindern über das Thema Alkohol zu sprechen.

Vier Teilnehmer äußern, ein solches Gespräch auch nicht mehr anzustreben, und sechs Personen sind sich noch nicht sicher, ob sie ein solches Gespräch noch führen werden oder nicht. Offensichtlich liegt also selbst bei gegebenem Interesse bei einer Zahl von Eltern immer noch eine Hemmung vor, solche Gespräche zu führen. Diese sollten gezielter hinterfragt und durch geeignete Maßnahmen (z.B. intensivere Schulung der Eltern, Abbau von Bedenken durch „Best-practise"-Beispiele, gemeinsame Eltern-Kind-Veranstaltungen etc.) abgebaut werden.

Insgesamt lässt sich jedoch feststellen, dass durch die „Klartext reden!"-Workshops Eltern und Erziehungsberechtigte dazu angeregt werden, das Thema „Alkohol" mit ihren Kindern im persönlichen Gespräch zu diskutieren. Die so angestoßenen Gespräche werden von den Eltern/Erziehungsberechtigten als zielführend und wirksam erlebt.

8.3.7 Über „Klartext!" reden

„Klartext reden!" möchte den Dialog anstoßen, in erster Linie zwischen Eltern und ihren Kindern. Darüber hinaus stellt sich aber auch die zusätzliche Frage, ob nach der Workshopteilnahme auch noch mit anderen Personen über die Kampagne gesprochen wird.

Tabelle 19-NB: Gespräch mit anderen Personen über den Workshop? (N= 110)

Haben Sie mit anderen Personen (außer Ihrem Kind/Ihren Kindern) über den Elternworkshop „Klartext reden!" gesprochen?	Häufigkeit	Prozentangaben
ja	106	96,4%
nein	4	3,6%

Tabelle 19-NB belegt, dass über 96 Prozent der Teilnehmer der Nachbefragung auch noch mit anderen Personen über den Elternworkshop „Klartext reden!" gesprochen haben. Offensichtlich führt die Aktualität der Thematik zu einer weiterführenden Diskussion über die Teilnehmer des Workshops hinaus.

Tabelle 20-NB: Mit wem über den Workshop gesprochen? (N= 106)

Falls ja: Mit wem? (Mehrfachnennungen möglich)	Antwort	Häufigkeit	Prozentangaben
- Partner/Partnerin	ja	83	78,3%
	nein	23	21,7%
- Freunden	ja	80	75,5%
	nein	26	24,5%
- Nachbarn/Bekannten	ja	35	33%
	nein	71	67%
- Verwandten	ja	27	25,5%
	nein	79	74,5%

Tabelle 20-NB zeigt, dass neben dem eigenen Partner/der eigenen Partnerin vor allem Freunde als weitere Gesprächspartner genannt werden, wenn es um den Workshop ging. Insgesamt kann dem „Klartext reden!"-Ansatz damit eine gewisse Breitenwirkung zugesprochen werden. Diese sollte, auch wenn die absolute Zahl der Workshopbesucher zunächst relativ gering ist (allerdings durch die kontinuierliche Fortführung des Projekts immer weiter zunimmt), nicht unterschätzt werden, da über eine solche Maßnahme wie „Klartext reden!" offensichtlich auch Multiplikationseffekte erzielt werden können.

Als weitere Gesprächspartner wurden genannt: andere Eltern, Freunde der eigenen Kinder, Lehrer, Schulleiter, Elternbeirat, Schulratvorsitz, Stadtelternbeirat, Journalisten, Selbsthilfegruppe, Arbeitskollegen und Vorgesetze.

8.3.8 Die Broschüre zu „Klartext reden!"

Während die Elternworkshops das Kernstück der Präventionsmaßnahme „Klartext reden!" darstellen, gehören sowohl eine Elternbroschüre als auch ein „Give away" – nämlich ein Wasser-/Saftglas mit dem Aufdruck des „Klartext reden!"-Logos – das am Ende des Workshops allen Besuchern überreicht wurde, zum Kommunikationskonzept der Präventionsmaßnahme „Klartext reden!". Auch diese beiden Module sind im Rahmen der Evaluation des „Klartext reden!"-Ansatzes berücksichtigt worden.

Zunächst wurde eruiert, ob die während/nach den Workshops verteilte Elternbroschüre gelesen wurde. War dies der Fall, wurde um eine kurze Bewertung der gestalterischen und inhaltlichen Aufbereitung der Broschüre gebeten.

Die Ergebnisse der Befragung zeigen, dass fast 90 Prozent der Befragten angeben, die Broschüre auch gelesen haben.

Über 84 Prozent der Befragten beurteilen die Aufmachung der Broschüre als gut bzw. sehr gut. Design, Farben und Bildgestaltung lassen sich demnach als gefällig und ansprechend bezeichnen.

Die Informationsmenge der Broschüre wird von fast 90 Prozent der Befragten als „genau richtig" eingeschätzt, fast 97 Prozent der Befragten schätzen die Broschüreninhalte als verständlich bzw. sehr verständlich ein. Es kann also aufgrund der Ergebnisse davon ausgegangen werden, dass die Broschüreninhalte weder über- noch unterfordern. Insgesamt wird die Broschüre von fast 91 Prozent der Befragten als brauchbar bzw. sehr brauchbar eingeschätzt.

8.3.9 Das „Klartext reden!"-Glas

Neben der Broschüre sollte noch ein weiterer Baustein von „Klartext reden!" bei der Evaluation bewertet werden: Das Glas mit dem dazugehörigen Slogan bzw. dem Logo der Maßnahme. Der Hintergedanke dieses „Give aways" war, die Kernbotschaft der Konzepts, nämlich „Klartext" zu reden, mit in den familiären Alltag zu nehmen. Durch die Nutzung eines solchen

Glases mit dem Logo bzw. Slogan der Maßnahme sollte ein gewisse Präsenz der Grundidee im alltäglichen Umfeld gefördert werden.

Zunächst wurden die Teilnehmer gebeten, das Design sowie den Nutzen des Glases einzuschätzen.

Die Evaluationsergebnisse zeigen, dass das Glas zum einen über drei Vierteln der Workshopbesucher gut oder sehr gut gefällt. Auch kommt das „Klartext reden!“-Glas im Haushalt häufig zum Einsatz (und kann damit einen Anlass geben, das Thema Alkohol und Jugendliche einmal anzusprechen): 74 Prozent der Eltern benutzen es eher regelmäßig bis ständig im Alltag. Außerdem lässt die häufige Nutzung auch auf die Attraktivität des Glases schließen.

Schließlich wurden die Eltern in der Nachbefragung gebeten einzuschätzen, inwieweit der Slogan „Klartext reden!“ das Anliegen des Workshops bzw. der gesamten Maßnahme trifft.

Über 86 Prozent der Befragten geben an, dass der Slogan „Klartext reden!“ das Anliegen der Workshops sowie der gesamten Maßnahme gut bzw. sehr gut trifft. Somit kommt auch dem Slogan eine klare kommunikative Wirkung zu. Eltern können sich vorstellen, was der Slogan im Zusammenhang mit Alkoholprävention vermitteln soll.

8.3.10 Zustimmung zu den Kernbotschaften

Wie bereits mehrfach betont, wurden die Workshops inhaltlich so gestaltet, dass auch immer wieder bestimmte Kernbotschaften an die Eltern weitergegeben wurden. Im einzelnen waren das die Aussagen:

- Kinder, die jünger sind als 14 Jahre, sollten überhaupt keinen Alkohol trinken.
- Das Vorbildverhalten der Eltern spielt eine zentrale Rolle im Rahmen der Alkoholsozialisation der Kinder.
- Man sollte das Thema „Alkohol“ durchaus auch schon mit jüngeren Kindern besprechen (wenn diese von sich aus das Thema aufbringen).

- Es gehört zu den Entwicklungsaufgaben eines Kindes/Jugendlichen, sich auch mit dem Thema „Alkohol“ auseinander zu setzen. Von daher ist es nicht ungewöhnlich, dass Kinder/Jugendliche ab einem gewissen Alter Erfahrungen im Umgang mit Alkohol sammeln bzw. zu sammeln versuchen. Der Konsum von Alkohol bei Kindern und Jugendlichen sollte aber als Ausnahme und nicht als Regelfall aufgefasst werden.
- Generell sollten Kinder und Jugendliche so spät wie möglich erste Alkoholerfahrungen machen.

Über das Ansprechen dieser Aussagen und die Erfassung der Einstellungen der Befragten zu diesen einzelnen Statements sollte überprüft werden, inwiefern sich diese Kernbotschaften im Bewusstsein der Workshopbesucher verankert haben bzw. wie diese Botschaften von ihnen bewertet werden. Die Teilnehmer der Evaluation hatten die Möglichkeit, ihre Antworten auf einer fünfstufigen Skala zwischen „1 - stimme überhaupt nicht zu“ und „5 - stimme völlig zu“ abzustufen.

Tabelle 21-NB: Meinungsspiegel I (N= 110, außer *: N=109)

Bitte beantworten Sie, inwiefern Sie den nachfolgenden Aussagen zustimmen. („1 – stimme überhaupt nicht zu“ bis „5 – stimme völlig zu“)	Mittelwert der Antworten
Kinder und Jugendliche, die jünger als 14 Jahre sind, sollten überhaupt keinen Alkohol trinken.	4,7
Damit Kinder und Jugendliche einen verantwortungsvollen Umgang mit Alkohol erlernen, kommt es vor allem auf das Vorbildverhalten der Eltern an.	4,8
Man sollte als Eltern auch mit jüngeren Kindern über das Thema Alkohol sprechen.	4,7
Das Jugendliche ab einem gewissen Alter Alkohol probieren, ist völlig normal.	4,1
Generell sollten Kinder und Jugendliche so spät wie möglich erste Erfahrungen mit Alkohol machen.*	4,7

Die Tabelle 21-NB belegt deutlich, dass die Kernbotschaften der „Klartext reden!"-Workshops bei einer großen Mehrheit der Befragten auf Zustimmung stoßen. Bis auf eine Ausnahme beläuft sich der Kreis der Zustimmer bei allen Kernbotschaften auf 90 Prozent bis 95 Prozent der Befragten.

So lässt sich festhalten, dass die Kernbotschaften von „Klartext reden!" die Auffassung der Teilnehmerinnen und Teilnehmer zum Themenfeld beeinflusst bzw. in einer erwünschten Form bestärkt: Alkohol für unter 14jährige ist tabu; auf die Eltern kommt es an; auch mit jüngeren Kindern sollte man über das Thema sprechen; und generell sollte der erste Alkoholkonsum so spät wie möglich im Leben eines Kindes bzw. Jugendlichen stattfinden.

Bei der Frage nach der „Normalität" von Alkoholerfahrungen bei Kindern und Jugendlichen stimmen etwa 75 Prozent der befragten Eltern und Erziehungsberechtigten der Aussage zu. Dabei ist anzumerken, dass hier zwischen dem faktisch feststellbaren Verhalten der Kinder und Jugendlichen einerseits und dem erwünschten Verhalten andererseits zu differenzieren ist. Faktisch scheint es nicht nur zur „Normalität" zu gehören, dass Kinder und Jugendliche ab einem gewissen Alter Erfahrungen im Umgang mit Alkohol machen. Bedauerlicherweise muss festgestellt werden, dass diese Erfahrungen auch immer früher gemacht werden, was im Hinblick auf die körperliche und seelische Entwicklung von Kindern und Jugendlichen und die Folgen, die ein (übermäßiger) Alkoholkonsum darauf hat, als äußerst kritisch zu betrachten ist. Wünschenswert wäre daher ein späterer Erfahrungszeitpunkt in der Entwicklung der Kinder und Jugendlichen. Hierbei wäre es sicherlich hilfreich, wenn der Alkoholkonsum von Kindern und Jugendlichen generell aus dem Umfeld der Normalität (und damit ggf. sogar der Unausweichlichkeit) herausgehoben würde. Für Kinder und Jugendliche sollte prinzipiell der Nicht-Konsum von Alkohol der Normalfall sein. Ziel muss es also sein, die Eltern/Erziehungsberechtigten dahingehend zu sensibilisieren, den Alkoholkonsum von Kindern und Jugendlichen (und letztlich natürlich auch den Alkoholkonsum Erwachsener) nicht als „Normalität", sondern als Ausnahmeverhalten zu definieren, um so ein geschärftes Problembewusstsein und letztlich auch einen verantwortungsvollen Umgang mit alkoholischen Getränken zu fördern.

8.3.11 Bewertung des Jugendschutzgesetzes durch die Eltern

Angesichts der aktuellen Diskussion um das Thema Jugendschutz im Zusammenhang mit Alkohol wurden die Teilnehmer der Nachbefragung auch zu ihrer Einschätzung diesbezüglich befragt.

Tabelle 22-NB: Meinungsspiegel II (N= 108)

Bitte beantworten Sie, inwiefern Sie der nachfolgenden Aussage zustimmen.	1 – stimme überhaupt nicht zu	2	3	4	5 – stimme völlig zu
Die Gesetze zum Jugendschutz reichen aus und sollten nicht weiter verschärft werden.	24 22,2%	19 17,6%	18 16,7%	28 25,9%	19 17,6%

Bei diesem Thema zeigt sich eine große Meinungsvielfalt bei den Workshopbesuchern. Während der eine Teil der Befragten sich für eine Verschärfung der Jugendschutzgesetze ausspricht, hält der andere Teil diese für ausreichend und spricht sich gegen eine Verschärfung aus (Tabelle 22-NB). Diese unterschiedlichen Meinungen spiegeln deutlich die aktuelle gesamtgesellschaftliche Diskussion zu diesem Thema wider. Es zeigt sich allerdings auch, dass eine Verschärfung der Gesetze allein sicherlich nicht ausreichen wird, um dem Problem des Alkoholmissbrauchs bei einer bestimmten Gruppe von Kindern und Jugendlichen Herr zu werden.

8.3.12 Einschätzung der Partner der „Klartext reden!"-Maßnahme

Die Kooperationspartner der „Klartext reden!"-Maßnahme sind zum einen der Bundeselternrat, und zum anderen der Arbeitskreis Alkohol und Verantwortung des Bundesverbandes der Spirituosenindustrie. Im Rahmen der Evaluation wurde erfragt, wie die Workshopbesucher die Beteiligung dieser beiden Institutionen an einer Maßnahme wie „Klartext reden!" einschätzen. Die Tabellen 23-NB bzw. 24-NB zeigen, dass die Mitwirkung der beiden Kooperationspartner unterschiedlich, jedoch keineswegs gravierend differierend eingeschätzt wird.

Tabelle 23-NB: Kooperation mit dem Bundeselternrat (N= 110)		
Dass die Elternkampagne „Klartext reden!“ in Kooperation mit dem Bundeselternrat durchgeführt wird, finde ich...	Häufigkeit	Prozentangaben
eher problematisch	1	0,9%
neutral/ist mir egal	28	25,5%
eher gut	81	73,6%

Dass die Präventionsmaßnahme „Klartext reden!“ in Kooperation mit dem BundesElternRat durchgeführt wird, sehen nur 1 Prozent der Befragten als eher problematisch an. Etwa 25 Prozent der Teilnehmer stehen dieser Kooperation eher neutral gegenüber, fast 74 Prozent der befragten Eltern bewerten diese Zusammenarbeit als eher gut.

Tabelle 24-NB: Kooperation mit dem Arbeitskreis Alkohol und Verantwortung des BSI (N= 108)		
Dass die Elternkampagne „Klartext reden!“ vom Arbeitskreis Alkohol und Verantwortung des Bundesverbandes der Spirituosenindustrie gefördert wird, finde ich...	Häufigkeit	Prozentangaben
eher problematisch	30	27,8%
neutral/ist mir egal	32	29,6%
eher gut	46	42,6%

Die Tatsache, dass „Klartext reden!“ auch vom Arbeitskreis Alkohol und Verantwortung des BSI gefördert wird, sieht gut ein Viertel der Befragten als eher problematisch an, etwa 30 Prozent der befragten Eltern stehen dieser Kooperation neutral gegenüber, während über 42 Prozent der Befragten

Workshopbesucher diese Zusammenarbeit begrüßen. Es zeigt sich, dass auch industriegeförderte Präventionsmaßnahmen von den Eltern/ Erziehungsberechtigten nicht nur akzeptiert, sondern sogar für wünschenswert erachtet werden. Offensichtlich hat die Industrieförderung keinen gravierenden Einfluss auf die Glaubwürdigkeit sowie die Akzeptanz der Maßnahme gehabt. Dieses Ergebnis spricht dafür, auch weiterhin im Rahmen der Alkoholpräventionsarbeit durchgeführte Maßnahmen auf der Grundlage ihrer Wirksamkeit und Effektivität, und nicht auf der Grundlage der unterstützenden Institution zu bewerten. Die erfolgreiche Bekämpfung von Alkoholmissbrauch und -abhängigkeit ist eine viel zu wichtige gesamtgesellschaftliche Aufgabe, um sich hier auf nur bestimmte Maßnahmen und Aktionen zu beschränken. Alles, was wirksam ist und einen substantiellen Beitrag zur Bekämpfung des Alkoholmissbrauchs zu leisten in der Lage ist, sollte Berücksichtigung finden.

8.3.13 Abschließende Gesamtbewertung

Abschließend wurden die Workshopteilnehmer im Rahmen der Nachbefragung erneut um eine Gesamteinschätzung der „Klartext reden!"-Maßnahme auf der Grundlage einer Schulnote gebeten (1 – sehr gut bis 6 – ungenügend).

Tabelle 25-NB: Gesamtbewertung/Schulnote (N= 109)

Wenn Sie dem Elternworkshop und der gesamten Kampagne „Klartext reden!" auf der Grundlage Ihrer bisherigen Erfahrungen abschließend eine Schulnote geben sollten: Welche Note würden Sie geben?	Häufigkeit	Prozentangaben
sehr gut (1)	32	29,4%
gut (2)	64	58,7%
befriedigend (3)	11	10,1%
ausreichend (4)	2	1,8%
mangelhaft (5)	0	0%
ungenügend (6)	0	0%

Tabelle 25-NB weist aus, dass „Klartext reden!“ auch in der Nachbefragung sehr gut abschneidet und von den Befragten im Durchschnitt eine 1,8 als Note erhält (Durchschnittsnote in der Direktbefragung: 1,7). Damit lässt sich festhalten, dass „Klartext reden!“ als Präventionsmaßnahme von der Zielgruppe als erfolgreiches, angemessenes und zielführendes Konzept wahrgenommen wird, und dies auf der Grundlage eigener Erfahrungen und Eindrücke.

8.3.14 Optimierungsbedarf

Abschließend hatten auch die Teilnehmer der Nachbefragung die Möglichkeit, im Rahmen einer offenen Frage ein generelles Feedback zu geben sowie Änderungswünsche, Verbesserungsvorschläge und Anregungen zum Konzept „Klartext reden!“ und den Elternworkshops im besonderen zu machen.

Auf die vielen positiven Rückmeldungen der Eltern wird im folgenden nicht eingegangen. Da die Maßnahme „Klartext reden!“ fortgeführt wird und zusätzlich über Multiplikatorenkonzepte weiter verbreitet werden soll, soll das Augenmerk hier besonders auf die Änderungsvorschläge gelegt werden, die in zukünftigen Veranstaltungen ggf. bereits berücksichtigt werden können.

Besonders unzufrieden äußern sich auch die Teilnehmer der Nachbefragung über die geringe Beteiligung der Eltern. In diesem Zusammenhang wird erneut der Inhalt sowie die Streuung der Einladungen zu den Elternworkshops kritisiert: Viele Beteiligte bezeichneten die Vorabinformationen bzw. die Ankündigung des Workshops als unzureichend. Des weiteren waren Teilnehmer unzufrieden mit dem Termin sowie mit der Dauer der Veranstaltung, wobei sich jedoch auch hier kein genereller Trend erkennen lässt.

Im folgenden werden die von den Eltern als Einzelnennungen genannten Anregungen ungewichtet und unkommentiert dargestellt:

- Anlaufstellen für Kinder und Jugendliche nennen, die bereits Probleme mit Alkohol haben

- Kinder bzw. Jugendliche direkt an den Workshops beteiligen oder anders in die Kampagne mit einbeziehen
- Mehr Zeit für Fragen, Austausch zwischen den Eltern und Diskussionen lassen
- Titel „Workshop“ ändern, da es sich eher um einen Vortrag mit anschließender Diskussion handelt; oder eben Workshopcharakter verstärken, indem die Eltern selbst Dinge erarbeiten
- Mehr Erfahrungsberichte von betroffenen Jugendlichen einbringen
- Zur Verbesserung der Verständlichkeit des Slogans einen weiteren Untertitel einfügen
- Eventuell kürzere Informationsveranstaltungen im Rahmen von Elternabenden anbieten
- Schwerpunkte eher auf die Gespräche zwischen Eltern und ihren Kindern legen, nicht auf den Vortrag
- Fundiertere und differenziertere Darstellung der Alkoholwirkung bei Jugendlichen wäre wünschenswert
- Detailliertere Risikoerörterung des Alkoholkonsums von Kindern und Jugendlichen, d.h. was genau kann passieren? Mit welchen Folgen/Konsequenzen ist zu rechnen?
- Lösungsansätze in dieser Problematik aus anderen Ländern wären interessant
- Eine Visualisierung durch Fotos und Videos von „Beispielfällen“
- Mehr Hinweise dazu, wie generell Suchtproblematiken vorzubeugen ist
- Stärkerer Fokus auch auf negative Auswirkungen regelmäßigen Alkoholkonsums (sozialer Abstieg, Verlust des Arbeitsplatzes, etc.)
- Als problematisch wird die klare Trennung zwischen Drogen- und Alkoholabhängigkeit gesehen, das Problem ist die Sucht an sich

- Stärkere Einbindung regionaler Gegebenheiten wie Anlaufstellen oder Selbsthilfegruppen vor Ort sowie lokaler Gebräuche beim Alkoholkonsum
- Möglichst Einbeziehung von Herstellervertretern
- Vergleich der Reaktionsfähigkeit vor/nach dem Alkoholgenuss (ähnlich Verkehrserziehung) im Test
- „Üben" möglicher Gespräche zwischen Eltern und ihren Kindern in Rollenspielen, dadurch ist auch ein Perspektivwechsel möglich
- Quellenangaben zu den mitgeteilten wissenschaftlichen Erkenntnissen wären von Interesse; hierdurch könnte der Teilnehmer des Workshops bei einem späteren Gespräch zu dem Thema seine gewonnenen Erkenntnisse besser untermauern

Insgesamt zielen viele der gegebenen Anregungen darauf ab, die Inhalte der Workshops zu differenzieren bzw. auch noch weiter anzureichern. Angesichts der gegebenen Rahmenbedingungen und des Anspruchs der Elternworkshops, eine Informations- und Diskussionsveranstaltung für interessierte Eltern und Erziehungsberechtigte zu sein, muss hier naturgemäß immer ein Kompromiss zwischen dem Wünschenswerten und dem Machbaren gefunden werden. Die Vielfalt der gemachten Anregungen zeigt aber auch, wie intensiv sich die Eltern mit der Thematik auseinandergesetzt haben und an welchen Stellen weitere Optimierungen des Konzeptes denkbar und möglich sind.

8.4 Fazit

Die Ergebnisse der durchgeführten Evaluationsmaßnahmen sowohl der Direkt-Befragung im Anschluss an die Workshops als auch der online bzw. telefonisch durchgeführten Nachbefragung sind insgesamt als durchweg positiv zu bezeichnen. Auf der Basis der Ergebnisse lassen sich nunmehr eine Vielzahl von Schlussfolgerungen, Erkenntnissen und Anregungen für das zukünftige Vorgehen ableiten. Diese lassen sich kurz zusammengefasst wie folgt darstellen:

- Die Präventionsmaßnahme „Klartext reden!“ findet bei den Workshopbesuchern eine positive Resonanz.
- Die Workshop-Inhalte decken den Bedarf an Aufklärung und Hilfestellung der teilnehmenden Eltern und Erziehungsberechtigten und leisten damit einen wertvollen Beitrag zur generellen Präventionsarbeit.
- Die Zielsetzungen der Maßnahme, nämlich aufzuklären zur Thematik Alkohol, praktische Tipps und Anregungen zur Gesprächsinitiierung und Gesprächsführung im Hinblick auf das Thema „Alkohol“ zu vermitteln und so zu effektiven und für beide Seite zufriedenstellenden Gesprächen zwischen Eltern und ihren Kindern anzuregen, werden erreicht.
- Die Evaluationsergebnisse stellen klar, dass das Konzept „Klartext reden!“ fortgeführt werden sollte. Eine Fortsetzung durch weitere Elternworkshops sowie eine Erweiterung des Programms durch eine Nachfolgeveranstaltung zum Elternworkshop sollten angestrebt werden. Schulungen von Elternvertretern als Moderatoren und damit weiteren Multiplikatoren von „Klartext reden!“ wären ebenfalls eine Möglichkeit, eine größere Zielgruppe in kürzerer Zeit zu erreichen.

Literaturverzeichnis

Anderson, P., Baumberg, B. (2006). *Alkohol in Europa: Eine Public Health Perspektive: Ein Bericht für die Europäische Kommission: Zusammenfassung*. Institute for Alcohol Studies, U.K.

Babor, T., Caetano, R., Casswell, S., Edwards, G., Giesbrecht, N., Graham, K., Grube, J., Gruenewald, P., Hill, L., Holder, H., Homel, R., Österberg, E., Rehm, J., Room, R., Rossow, I. (2005). *Alkohol – Kein gewöhnliches Konsumgut*. Göttingen.

Bales, R.F. (1946). Cultural differences in rates of alcoholism. *Quarterly Journal of Studies on Alcohol*, 6, p. 480-499.

Baumert, J., Artelt, C., Klieme, E., Neubrand, M., Prenzel, M., Schiefele, U., Schneider, W., Tillmann, K.-J., Weiß, M. (2003) (Hrsg.). *Pisa 2000 – Ein differenzierter Blick auf die Länder der Bundesrepublik Deutschland*. Opladen.

Bergler, R., Haase, D., Humburg, S., Steffens, M. (1995). *Ursachen gesundheitlichen Fehlverhaltens im Jugendalter. Eine empirische Analyse am Beispiel des Zigarettenkonsums*. Köln.

Bergler, R., Steffens, M. (1996). Psychologie der individuellen Vermeidung von Gesundheitsrisiken. *Zentralblatt für Hygiene*, 199, S. 240-287.

Bergler, R., Haase, D., Poppelreuter, S., Schneider, B., Wemhoff, M. (2000). *Ursachen des Alkoholkonsums Jugendlicher: Eine sozialpsychologische Grundlagenstudie*. Köln.

Bergler, R., Hoff, T. (2002). *Genuss und Gesundheit*. Köln.

Bergmann, K., Horch, K. (2002). *Kosten alkoholassoziierter Krankheiten: Schätzungen für Deutschland*. Berlin.

Bundesministerium für Gesundheit und soziale Sicherung (2002). *Inhalts- und Zielgruppenanalyse von Alkoholwerbung im Deutschen Fernsehen.* [www.Dokument]. Verfügbar unter: http://www.bmg.bund.de/cln_040/ nn_603380/ SharedDocs/Publikationen/Forschungsberichte/f-326, templateId=raw,property=publicationFile.pdf/f-326.pdf [18.04.2007]

Bundesministerium für Gesundheit und soziale Sicherung (2005). *Info-Letter Nr. 2 August 2005.* [www.Dokument]. Verfügbar unter: http://www.bmg.bund.de/cln_040/nn_600110/SharedDocs/Download/DE/Themenschwerpunkte/Drogen-und-Sucht/Tabak-Alkohol/HaLT-Infoletter2,templateId=raw,property=publicationFile.pdf/HaLT-Infoletter2.pdf [05.04.2007]

Bundeszentrale für gesundheitliche Aufklärung (2001) (Hrsg.). *Jugend und Alkohol.* Köln.

Bundeszentrale für gesundheitliche Aufklärung (2004) (Hrsg.). *Die Drogenaffinität Jugendlicher in der Bundesrepublik Deutschland 2004.* Köln.

Bundeszentrale für gesundheitliche Aufklärung (2005). *Entwicklung des Alkoholkonsums bei Jugendlichen: Kurzbericht.* Köln.

Bundeszentrale für gesundheitliche Aufklärung (2007). *Alkohol – reden wir drüber!* [www.Dokument]. Verfügbar unter: http://www.bzga.de/pdf.php?id= 545d3f04a1e221862070aac91f6cd6eb [19.04.2007]

Deutsche Angestellten Krankenkasse (DAK) (2007). [www.Dokument]. Verfügbar unter: http://www.aktionglasklar.de/ [05.04.2007].

Deutsche Gesellschaft für Evaluation e.V. (2002). *Standards für Evaluation.* Köln.

Deutsche Hauptstelle für Suchtfragen e.V. (2004). *Alkohol Basisinformationen.* Köln.

Deutsche Hauptstelle für Suchtfragen e.V. (2005). *Jahrbuch Sucht 2006.* Geesthacht.

Deutsche Hauptstelle für Suchtfragen e.V. (2007). *Umgang mit Alkohol.* [www.Dokument]. Verfügbar unter: http://www.dhs-intern.de/pdf/umgang_mit_alkohol.pdf [19.04.2007]

Deutsche Hauptstelle für Suchtfragen e.V. (2007a). *Daten und Fakten: Alkohol.* [www.Dokument]. Verfügbar unter: http://www.optiserver.de/dhs/daten_zahlen_alkohol.html [16.05.2007]

Die Drogenbeauftragte der Bundesregierung (2006) (Hrsg.). *Drogen- und Suchtbericht.* Berlin.

Feuerlein, W., Küfner, H., Soyko, M. (1998). *Alkoholismus – Mißbrauch und Abhängigkeit: Entstehung – Folgen – Therapie.* Stuttgart.

Furtwängler, J. Ph. (1989). *Der Umgang von Soldaten mit dem Alkohol als allgemein-medizinisches und militärärztliches Problem.* Suchtgefahren, 35, S. 388-393.

Health Education Council (1994). *That´s the limit – a Guide to Sensible Drinking.* London.

Hirschfelder, G. (2001). *Europäische Esskultur.* Frankfurt/Main/New York.

Hoff, T. (2002). *Akkulturation und Alkohol.* Köln.

Hurrelmann, K. (2002). *Einführung in die Sozialisationstheorie.* Weinheim.

Landeszentrale für Gesundheitsförderung in Rheinland-Pfalz e.V. (LZG) (2007). [www.Dokument]. Verfügbar unter: http://www.famtische.de [05.04.2007].

Löser, H. (1995). *Alkoholembryopathie und Alkoholeffekte.* Stuttgart.

Prognos AG (2004). *Wissenschaftliche Begleitung des Modellprogramms „Alkoholvergiftungen bei Kindern und Jugendlichen". Bundesweite Datenerhebung – Kurzanalyse.* Basel.

Ratzek, J. (1847). *Die Kunst den Branntwein ohne Gewalt zu unterdrücken.* Prag.

Rau, H. (1970). *Gandhi.* Hamburg.

Schivelbusch, W. (2005). *Das Paradies, der Geschmack und die Vernunft. Eine Geschichte der Genussmittel*, 6. Auflage. Frankfurt.

Thornton, M. (1991). *The Economics of Prohibition*. Salt Lake City.

Villa Schöpflin – Zentrum für Suchtprävention. [www.Dokument]. Verfügbar unter: http://www.blv-suchthilfe.de/villa-schoepflin/ [05.04.2007].

Vogt, I. (1989). Zur Geschichte des Alkohols. In: Scheerer, S., Vogt, I. (Hrsg.). *Drogen und Drogenpolitik* (S. 54-62). Frankfurt/Main.

Nachtrag

Für weitere Informationen, etwaige Nachfragen usw. stehen Ihnen die Initiatoren von „Klartext reden!“ sowie die Kooperationspartner gern zur Verfügung. Sie erreichen sie unter:

Arbeitskreis Alkohol und Verantwortung des BSI
(Bundesverband der Deutschen Spirituosen-Industrie und -Importeure e.V.)
Urstadtstr. 2
53129 Bonn
Tel.: 0228/53 99 4-0 / Fax: 0228/53 99 4-20
e-mail: info@bsi-bonn.de / Internet: www.bsi-bonn.de

Kooperationspartner Bundeselternrat:
BundesElternRat
Albert-Buchmannstraße 15
16515 Oranienburg
Tel.: 03301/57 55-37 &-38 / Fax: 03301/57 55-39
e-mail: bundeselternrat@lo-net.de / Internet: www.bundeselternrat.de

Fachliche Beratung:
Dipl. Psych. Dr. Stefan Poppelreuter
Impuls GmbH in Kooperation mit dem Psychologischen Institut der Universität Bonn
Römerstraße 164
53117 Bonn
Tel.: 0228/73 4286 / Fax: 0228/73 4407
e-mail: poppelreuter@impuls-gmbh.com /
Internet: www.impuls-gmbh.com

Konzept und Gestaltung:
Johannes M. Keßler
KESSLER Kommunikationsberatung
Rheinallee 40
55118 Mainz
Tel.: 06131/21 94 77-0 / Fax: 06131/21 94 77-20
e-mail: J.M.Kessler@kessler-kommunikation.de /
Internet: www.kessler-kommunikation.de